HEYNE KOCHBÜCHER

DR. OETKER

MODE TORTEN

AFTER-EIGHT-TORTE, FANTASCHNITTEN, BAILEYS-TORTE, PHILADELPHIA-TORTE ...

WILHELM HEYNE VERLAG
MÜNCHEN

Vorwort

Endlich ist sie da: Eine Zusammenstellung der Rezepte, die viele von Ihnen schon kennen und lieben, aber noch nie in Buchform in Händen gehalten haben. Backideen, die von Mund zu Mund und von Hand zu Hand bei jedem Kaffeeklatsch weitergegeben werden.

Wir zeigen Ihnen nicht nur, wie Sie einfaches Obst in raffinierte Torten verwandeln können oder wie Sie zur Superbackfee eines jeden Kindergeburtstags werden, sondern auch wie Sie mit einem kleinen Schuß Hochprozentigem oder einer ordentlichen Portion Sahne verführerische Torten und Kuchen zaubern können. Natürlich dürfen auch die Klassiker nicht fehlen, so wäre dieses Buch nicht vollständig ohne die Philadelphia-Torte – der Mutter aller Modetorten.

Zusammen mit den Mitgliedern des Dr. Oetker Back-Clubs haben wir sie für Sie gesammelt, moderne und peppige Rezepte, die sogar die Kids von heute begeistern. Und wundern Sie sich nicht, wenn sogar die Schwiegermutter verstohlen nach dem Rezept fragt.

Kapitelübersicht

Hier warten Erdbeere, Banane, Kirsche & Co in raffinierten Verpackungen darauf, vernascht zu werden.

Freche Früchtchen

Erdbeer-Knuspertorte

Zubereitungszeit: 30 Min., ohne Kühlzeit

Insgesamt:
E: 63 g, F: 225 g, Kh: 294 g, kJ: 14926, kcal: 3563

Für den Tortenboden:

- **250 g weiße Kuvertüre**
- **100 g Cornflakes**
- **100 g abgezogene, gehobelte Mandeln**

Für den Belag:

- **750 g Erdbeeren**
- **250 ml (1/4 l) Schlagsahne**
- **1 Pck. Sahnesteif**
- **1 Pck. Vanillin-Zucker**

1 Für den Tortenboden die Kuvertüre in einem kleinen Topf im Wasserbad bei schwacher Hitze zu geschmeidiger Masse verrühren.

2 Cornflakes und Mandeln unter die Kuvertüre rühren. Drei Viertel der Masse in eine Springform (Ø 26 cm, Boden mit Backpapier belegt) verteilen und andrücken. Die restliche Masse in 12 Häufchen auf Backpapier setzen, beides kühl stellen und fest werden lassen.

3 Für den Belag Erdbeeren (einige Erdbeeren zum Garnieren zurücklassen) putzen, waschen, trockentupfen und halbieren. Den Boden aus der Form lösen und das Backpapier abziehen. Die Erdbeeren auf dem Boden verteilen.

4 Sahne mit Sahnesteif und Vanillin-Zucker steif schlagen und auf den Erdbeeren verteilen. Die Torte mit den zurückgelassenen Erdbeeren und den Cornflakeshäufchen garnieren.

Tip:
Anstelle der Erdbeeren Himbeeren oder Brombeeren verwenden.

Maracujatorte

Zubereitungszeit: 50 Min.
Backzeit: 20–30 Min.

Insgesamt:
E: 51 g, F: 218 g, Kh: 491 g, kJ: 17839, kcal: 4262

Für den Biskuitteig:
- **2 Eier**
- **2–3 EL heißes Wasser**
- **100 g Zucker**
- **1 Pck. Vanillin-Zucker**
- **100 g Weizenmehl**
- **25 g Speisestärke**
- **1 gestr. TL Backpulver**
- **50 g zerlassene, abgekühlte Butter**

Zum Bestreichen:
- **2–3 EL Aprikosen-konfitüre**

Für die Füllung:
- **1 Dose Pfirsiche (Abtropfgewicht 470 g)**
- **2 Pck. Tortenguß, klar**
- **40 g Zucker**
- **500 ml (1/2 l) Maracuja- oder Multivitaminsaft**
- **500 ml (1/2 l) Schlag-sahne**
- **2 Pck. Sahnesteif**
- **2 Pck. Vanillin-Zucker**

Für den Belag:
- **1 Pck. Aranca Aprikose-Maracuja-Geschmack**
- **100 ml Maracuja- oder Multivitaminsaft**
- **100 ml Pfirsichsaft**
- **150 g Joghurt**

1 Für den Biskuitteig Eier und Wasser mit Handrührgerät mit Rührbesen auf höchster Stufe in 1 Minute schaumig schlagen. Zucker mit Vanillin-Zucker mischen, in 1 Minute einstreuen, dann noch etwa 2 Minuten schlagen.

2 Mehl, Speisestärke und Backpulver mischen, die Hälfte davon auf die Eiercreme sieben und kurz auf niedrigster Stufe unterrühren. Den Rest des Mehlgemisches auf die gleiche Weise unterarbeiten. Butter vorsichtig unterziehen.

3 Den Teig in eine Springform (Ø 28 cm, Boden gefettet, mit Backpapier belegt) füllen. Die Form sofort auf dem Rost in den Backofen schieben.

Ober-/Unterhitze: etwa 180 °C (vorgeheizt)
Heißluft: –
Gas: Stufe 3–4 (nicht vorgeheizt)
Backzeit: etwa 30 Min.

4 Den Boden aus der Form lösen, auf einen Kuchenrost stürzen, das Backpapier abziehen und den Boden erkalten lassen. Boden auf eine Platte legen, mit Konfitüre bestreichen. Einen Tortenring darum stellen.

5 Für die Füllung Pfirsiche auf einem Sieb abtropfen lassen, dabei den Saft auffangen und für den Belag 100 ml abmessen. Pfirsiche in Würfel schneiden.

6 Aus Tortenguß, Zucker und Saft nach Packungsaufschrift einen Guß zubereiten. Pfirsichwürfel unterheben, die Masse auf dem Tortenboden verteilen und erkalten lassen.

7 Sahne mit Sahnesteif und Vanillin-Zucker steif schlagen und auf die Pfirsichmasse streichen.

8 Für den Belag Aranca nach Packungsaufschrift – aber mit Maracuja- oder Multivitaminsaft, abgemessenem Pfirsichsaft und Joghurt astelle von Wasser – zubereiten, auf die Sahnemasse streichen. Die Torte etwa 60 Minuten kalt stellen.

Sharon-Torte

Zubereitungszeit: 50 Min., ohne Kühlzeit
Backzeit: etwa 10 Min.

Insgesamt:
E: 109 g, F: 154 g, Kh: 281 g, kJ: 12960, kcal: 3097

Für den Knetteig:

- **200 g Weizenmehl**
- **½ gestr. TL Backpulver**
- **30 g Zucker**
- **3 Tropfen Zitronen-Aroma**
- **1 Eigelb**
- **100 g Butter oder Margarine**

Für den Belag:

- **1 Pck. Gelatine gemahlen, weiß**
- **4 EL kaltes Wasser**

- **500 g Magerquark**
- **250 ml (1/4 l) Orangensaft**
- **50 g Zucker**
- **etwas Zitronensaft**
- **200 ml Schlagsahne**
- **4 Sharons**
- **Minzeblättchen**

1 Für den Knetteig Mehl und Backpulver mischen und in eine Rührschüssel sieben. Zucker, Zitronen-Aroma, Eigelb und Butter oder Margarine hinzufügen. Die Zutaten mit Handrührgerät mit Knethaken zunächst kurz auf niedrigster, dann auf höchster Stufe gut durcharbeiten.

2 Anschließend auf der bemehlten Arbeitsfläche zu einem glatten Teig verkneten, sollte er kleben, ihn eine Zeitlang kalt stellen. Den Teig auf einem gefetteten Springformboden (Ø 26 cm) ausrollen und mehrmals mit einer Gabel einstechen. Den Springformrand um den Boden legen. Die Form auf dem Rost in den Backofen schieben.

Ober-/Unterhitze: etwa 200 °C (vorgeheizt)
Heißluft: etwa 180 °C (nicht vorgeheizt)
Gas: Stufe 3–4 (vorgeheizt)
Backzeit: etwa 10 Min.

3 Den Boden sofort nach dem Backen lösen, aber erst nach dem Erkalten auf eine Tortenplatte legen. Einen Tortenring darum stellen.

4 Für den Belag Gelatine mit Wasser in einem kleinen Topf anrühren und 10 Minuten zum Quellen stehen lassen.

5 Quark mit Orangensaft, Zucker und etwas Zitronensaft verrühren. Gelatine unter Rühren erwärmen, bis sie gelöst ist, mit etwas Quarkmasse verrühren und unter die restliche Quarkmasse geben.

6 Sahne steif schlagen. Wenn die Quarkmasse anfängt zu gelieren, Sahne unterheben.

7 Zwei Sharons dünn schälen und in Würfel schneiden. Die Hälfte der Quarkmasse auf den Tortenboden streichen, die Sharonwürfel darauf verteilen, mit der restlichen Quarkmasse bedecken und glattstreichen. Die Torte etwa 3 Stunden kalt stellen.

8 Den Tortenring lösen und abnehmen. Die restlichen Sharons dünn schälen, in Scheiben schneiden, auf der Torte anrichten und mit Minzeblättchen garnieren.

Kirsch-Schoko-Kuchen

Zubereitungszeit: 35 Min.
Backzeit: 35–45 Min.

Insgesamt:
E: 84 g, F: 356 g, Kh: 444 g, kJ: 23180, kcal: 5537

Für den Rührteig:
- **200 g weiche Margarine oder Butter**
- **175 g Zucker**
- **1 Pck. Vanillin-Zucker**
- **½ Fläschchen Rum-Aroma**
- **1 Prise Salz**
- **4 Eier**
- **125 g Weizenmehl**
- **1 gestr. TL Backpulver**
- **100 g geriebene Blockschokolade**
- **100 g abgezogene, gemahlene Mandeln**

Für den Belag:
- **1 Glas Sauerkirschen (Abtropfgewicht 370 g)**

Zum Verzieren:
- **gesiebter Puderzucker**
- **200 ml Schlagsahne**
- **1 Pck. Sahnesteif**
- **etwas Zucker**
- **50 g geraspelte Schokolade**

1 Für den Rührteig Margarine oder Butter mit Handrührgerät mit Rührbesen auf höchster Stufe geschmeidig rühren. Nach und nach Zucker, Vanillin-Zucker, Rum-Aroma und Salz unterrühren, so lange rühren, bis eine gebundene Masse entstanden ist. Eier nach und nach unterrühren (jedes Ei etwa ½ Minute).

2 Mehl mit Backpulver mischen, sieben und portionsweise auf mittlerer Stufe unterrühren. Schokolade und Mandeln kurz unterrühren. Den Teig in eine Springform (Ø 26 cm, Boden gefettet) füllen und glattstreichen.

3 Für den Belag Sauerkirschen auf einem Sieb gut abtropfen lassen und auf dem Teig verteilen (etwa 1 cm am Rand frei lassen). Die Form auf dem Rost in den Backofen schieben.

Ober-/Unterhitze: etwa 180 °C (vorgeheizt)
Heißluft: etwa 160 °C (nicht vorgeheizt)
Gas: Stufe 2–3 (nicht vorgeheizt)
Backzeit: 35–45 Min.

4 Den Kuchen aus der Form lösen und auf einem Kuchenrost erkalten lassen.

5 Den Kuchen vor dem Servieren mit Puderzucker bestäuben. Sahne mit Sahnesteif und Zucker steif schlagen und den Kuchen damit verzieren. Mit Schokoladenraspeln bestreuen.

Tip:
Anstelle der Mandeln gemahlene Haselnußkerne verwenden.

Baiser-Bananen-Torte

Zubereitungszeit: 60 Min.
Backzeit: 60–65 Min.

Insgesamt:
E: 89 g, F: 272 g, Kh: 554 g, kJ: 21818, kcal: 5213

Für den Biskuitteig:
- **1 Ei**
- **2 EL heißes Wasser**
- **50 g Zucker**
- **1 Pck. Vanillin-Zucker**
- **75 g Weizenmehl**
- **½ gestr. TL Backpulver**

Für den Knetteig:
- **125 g Weizenmehl**
- **25 g Speisestärke**
- **1 Msp. Backpulver**
- **50 g Zucker**
- **1 Pck. Vanillin-Zucker**
- **1 Ei**
- **75 g Butter oder Margarine**
- **3 EL Aprikosenkonfitüre**

Für den Belag:
- **2 Becher (à 150 g) Crème fraîche**
- **125 ml (⅛ l) Milch**
- **1 Ei, 50 g Zucker**
- **1 Pck. Vanillin-Zucker**
- **20 g Speisestärke**
- **600 g Bananen**
- **3 EL Zitronensaft**
- **50 g abgezogene, gehobelte Mandeln**

Für die Baisermasse:
- **1 Eiweiß**
- **50 g Zucker**

- **125 ml (⅛ l) Schlagsahne**
- **50 g abgezogene, gehobelte, leicht gebräunte Mandeln**

1 Für den Biskuitteig Ei und Wasser mit Handrührgerät mit Rührbesen auf höchster Stufe in 1 Minute schaumig schlagen. Zucker mit Vanillin-Zucker mischen, in 1 Minute einstreuen, dann noch etwa 2 Minuten schlagen.

2 Mehl mit Backpulver mischen, die Hälfte davon auf die Eiercreme sieben und kurz auf niedrigster Stufe unterrühren. Den Rest des Mehlgemisches auf die gleiche Weise unterarbeiten.

3 Den Teig in eine Springform (Ø 26 cm, Boden gefettet, mit Backpapier belegt) füllen. Die Form sofort auf dem Rost in den Backofen schieben.

Ober-/Unterhitze:
etwa 180 °C (vorgeheizt)
Heißluft: –
Gas: Stufe 3–4 (vorgeheizt)
Backzeit: etwa 10 Min.

4 Den Boden aus der Form lösen, auf einen mit Backpapier belegten Kuchenrost stürzen, das Backpapier abziehen und den Boden erkalten lassen.

5 Für den Knetteig Mehl, Speisestärke und Backpulver mischen und in eine Rührschüssel sieben. Zucker, Vanillin-Zucker, Ei und Butter oder Margarine hinzufügen. Die Zutaten mit Handrührgerät mit Knethaken zunächst kurz auf niedrigster, dann auf höchster Stufe gut durcharbeiten.

6 Anschließend auf der bemehlten Arbeitsfläche zu einem glatten Teig verkneten. Die eine Hälfte des Teiges kalt stellen, die andere Hälfte auf einem gefetteten Springformboden (Ø 26 cm) ausrollen und mehrmals mit einer Gabel einstechen. Den Springformrand um den Boden legen. Die Form auf dem Rost in den Backofen schieben.

Ober-/Unterhitze:
etwa 180 °C (vorgeheizt)
Heißluft: etwa 160 °C
(nicht vorgeheizt)
Gas: etwa Stufe 3
(vorgeheizt)
Backzeit: etwa 15 Min.

7 Den Boden in der Form erkalten lassen.

(Fortsetzung Seite 18)

8 Den restlichen Teig zu einer Rolle formen, auf den vorgebackenen Boden legen und so an die Form andrücken, daß ein etwa 3 cm hoher Rand entsteht. Den Boden mit Konfitüre bestreichen und den Biskuitboden darauf legen (ihn evtl. etwas verkleinern).

9 Für den Belag Crème fraîche, Milch, Ei, Zucker, Vanillin-Zukcker und Speisestärke in einem Kochtopf verrühren und unter ständigem Rühren kurz aufkochen lassen.

10 Bananen schälen, in dicke Scheiben schneiden, mit Zitronensaft vermengen und auf dem Biskuitboden verteilen. Mit der Creme bestreichen und mit Mandeln bestreuen. Die Torte noch etwa 20 Minuten backen (Herdeinstellung siehe oben).

11 Für die Baisermasse Eiweiß und Zucker steif schlagen, in einen Spritzbeutel mit Lochtülle füllen und die Torte damit verzieren. Die Form in den Backofen schieben.

**Ober-/Unterhitze:
etwa 200 °C (vorgeheizt)
Heißluft: etwa 180 °C
(nicht vorgeheizt)
Gas: etwa Stufe 4
(nicht vorgeheizt)
Backzeit: 15–20 Min.**

12 Den Springformrand lösen und das Gebäck auf einem Kuchenrost erkalten lassen.

13 Sahne steif schlagen, den Gebäckrand damit bestreichen, mit Mandeln bestreuen.

Ananas-Zucchini-Kuchen

***Zubereitungszeit: 25 Min.
Backzeit: etwa 60 Min.***

***Insgesamt:
E: 96 g, F: 299 g, Kh: 703 g, kJ: 25572, kcal: 6108***

- **1 Dose Ananasscheiben (Abtropfgewicht 255 g)**
- **250 g Zucker**
- **1 Pck. Vanillin-Zucker**
- **3 Eier**
- **1 Prise Salz**
- **250 ml (1/4 l) Speiseöl**
- **450 g Weizenmehl**
- **1 TL Backpulver**
- **1 TL Natron**
- **1 1/2 TL gemahlener Zimt**
- **geriebene Muskatnuß**
- **250 g geraspelte Zucchini (mit Schale)**
- **125 g gehackte Walnußkerne**
- **100 g Rosinen**

1 Ananasscheiben zum Abtropfen auf ein Sieb geben und würfeln.

2 Zucker und Vanillin-Zucker mischen und mit den Eiern mit Handrührgerät mit Rührbesen schaumig schlagen. Salz und Öl hinzufügen und unterrühren.

3 Mehl, Backpulver, Natron, Zimt und Muskat mischen, sieben und portionsweise auf mittlerer Stufe unterrühren.

4 Ananasstücke und Zucchini unterrühren. Walnußkerne und Rosinen unter den Teig rühren. Den Teig in eine gefettete, bemehlte Springform mit Rohrboden (Ø 26 cm) füllen. Die Form auf dem Rost in den Backofen schieben.

**Ober-/Unterhitze:
etwa 180 °C (vorgeheizt)
Heißluft: etwa 160 °C
(nicht vorgeheizt)
Gas: Stufe 2–3
(nicht vorgeheizt)
Backzeit: etwa 60 Min.**

5 Den Kuchen 5 Minuten in der Form stehen lassen, dann aus der Form lösen, auf einen Kuchenrost stürzen und erkalten lassen.

Bananen-Kuppeltorte

Zubereitungszeit: 50 Min., ohne Kühlzeit
Backzeit: etwa 20 Min.

Insgesamt:
E: 65 g, F: 212 g, Kh: 435 g, kJ: 17147, kcal: 4099

Für den Biskuitteig:
- **2 Eier**
- **50 g Zucker**
- **1 Pck. Vanillin-Zucker**
- **50 g Weizenmehl**
- **25 g Speisestärke**
- **½ gestr. TL Backpulver**
- **25 g zerlassene, abgekühlte Butter**

Für die Füllung:
- **3 Bananen**
- **Saft von ½ Zitrone**
- **50 g Halbbitter-kuvertüre**

Für die Bananencreme:
- **1 Pck. Gelatine gemahlen, weiß**
- **2 EL kaltes Wasser**
- **1 Pck. Pudding-Pulver Vanille-Geschmack**
- **40–60 g Zucker**
- **400 ml Milch**
- **2 EL Bananenlikör**
- **400 ml Schlagsahne**

Zum Garnieren:
- **2 Bananen**
- **Saft von ½ Zitrone**
- **50 g Halbbitter-kuvertüre**
- **Schokoladenraspel**

1 Für den Biskuitteig Eier mit Handrührgerät mit Rührbesen auf höchster Stufe in 1 Minute schaumig schlagen. Zucker mit Vanillin-Zucker mischen, in 1 Minute einstreuen, dann noch etwa 2 Minuten schlagen.

2 Mehl, Speisestärke und Backpulver mischen, auf die Eiercreme sieben und kurz auf niedrigster Stufe unterrühren. Butter unterrühren.

3 Den Teig in eine Springform (Ø 26 cm, Boden gefettet, mit Backpapier belegt) füllen. Die Form sofort auf dem Rost in den Backofen schieben.

Ober-/Unterhitze:
180 °C (vorgeheizt)
Heißluft: –
Gas: Stufe 2–3
(nicht vorgeheizt)
Backzeit: etwa 20 Min.

4 Den Boden aus der Form lösen, auf einen Kuchenrost stürzen, das Backpapier abziehen und den Boden erkalten lassen.

5 Für die Füllung Bananen schälen, längs halbieren, mit Zitronensaft beträufeln, damit sie nicht braun werden. Die Bananenhälften in passende Stücke schneiden und auf dem Biskuitboden gleichmäßig verteilen. Kuvertüre in einem kleinen Topf im Wasserbad bei schwacher Hitze zu geschmeidiger Masse verrühren, Bananen damit bestreichen.

6 Für die Bananencreme Gelatine mit Wasser in einem kleinen Topf anrühren und 10 Minuten zum Quellen stehen lassen. Aus Pudding-Pulver, Zucker und Milch nach Packungsaufschrift einen Pudding zubereiten.

7 Die Gelatine hinzufügen und so lange rühren, bis sie gelöst ist. Bananenlikör unterrühren und den Pudding abkühlen lassen.

8 Sobald der Pudding anfängt zu gelieren, Sahne steif schlagen und unterheben. Die Creme kuppelartig auf den mit Bananen belegten Boden streichen.

9 Bananen schälen, längs halbieren, mit Zitronensaft bestreichen und auf die Tortenoberfläche legen. Die Kuvertüre in einem kleinen Topf im Wasserbad bei schwacher Hitze zu geschmeidiger Masse verrühren und die Torte spiralförmig damit verzieren. Mit Schokoladenraspeln bestreuen.

Obstpizza

Zubereitungszeit: 35 Min., ohne Teiggehzeit
Backzeit: etwa 30 Min.

Insgesamt:
E: 91 g, F: 224 g, Kh: 923 g, kJ: 26494, kcal: 6328

Für den Hefeteig:
- **1 Würfel frische Hefe (42 g)**
- **50 g Zucker**
- **250 ml (1/4 l) lauwarme Milch**
- **400 g Weizenmehl**
- **1 Pck. Vanillin-Zucker**
- **1 Prise Salz**
- **50 g weiche Butter**

Für den Belag:
- **375 g Pflaumen**
- **250 g helle Weintrauben**
- **250 g Birnen**
- **500 g Äpfel**
- **1 kleine Dose Aprikosenhälften (Abtropfgewicht 240 g)**

Für die Streusel:
- **250 g Weizenmehl**
- **175 g Zucker**
- **1 Pck. Vanillin-Zucker**
- **200 g weiche Butter**

1 Für den Hefeteig Hefe zerbröckeln und mit 2 Teelöffeln des Zuckers und 100 ml der Milch verrühren, etwa 15 Minuten bei Zimmertemperatur stehen lassen.

2 Mehl in eine Rührschüssel sieben, restlichen Zucker, Vanillin-Zucker, Salz, restliche Milch und Butter hinzufügen. Die angerührte Hefe hinzugeben und die Zutaten mit Handrührgerät mit Knethaken zunächst auf niedrigster, dann auf höchster Stufe in etwa 5 Minuten zu einem Teig verarbeiten. Den Teig zugedeckt an einem warmen Ort so lange stehen lassen, bis er sich sichtbar vergrößert hat.

3 Für den Belag Pflaumen und Trauben waschen und abtrocknen. Pflaumen entsteinen und in Spalten schneiden, Trauben halbieren und entkernen. Birnen und Äpfel schälen, vierteln, entkernen und in Spalten schneiden. Aprikosen auf einem Sieb abtropfen lassen und in Spalten schneiden.

4 Den gegangenen Teig aus der Schüssel nehmen und auf der Arbeitsfläche nochmals kurz durchkneten, auf einem gefetteten Backblech ausrollen und das Obst nach Sorten getrennt darauf verteilen.

5 Für die Streusel Mehl in eine Rührschüssel sieben, mit Zucker und Vanillin-Zucker mischen. Butter hinzufügen. Zutaten mit Handrührgerät mit Knethaken zu Streuseln von gewünschter Größe verarbeiten und gleichmäßig auf dem Obst verteilen. Das Backblech in den Backofen schieben.

Ober-/Unterhitze: etwa 200 °C (vorgeheizt)
Heißluft: etwa 180 °C (nicht vorgeheizt)
Gas: Stufe 3–4 (nicht vorgeheizt)
Backzeit: etwa 30 Min.

6 Den Kuchen auf dem Blech erkalten lassen.

Abwandlung:
Anstelle eines Blechs zwei runde Obstpizzen in der Springform (Ø 26 cm) backen.

Tip:
Sie können nach Belieben auch anderes Obst der Saison oder aus der Dose verwenden.

Ananas-Mascarpone-Torte

Zubereitungszeit: 35 Min.
Backzeit: etwa 45 Min.

Insgesamt:
E: 74 g, F: 437 g, Kh: 547 g, kJ: 27711, kcal: 6624

Für den Streuselteig:
- **350 g Weizenmehl**
- **1 gestr. TL Backpulver**
- **150 g Zucker**
- **2 Pck. Vanillin-Zucker**
- **1 Ei**
- **200 g Butter oder Margarine**

Für den Belag:
- **1 Dose Ananasraspel (Abtropfgewicht 260 g)**

Für die Mascarpone-creme:
- **250 g Mascarpone**
- **150 g Magerjoghurt**
- **4 EL Zitronensaft**
- **500 ml (½ l) Schlag-sahne**
- **2 Pck. Sahnesteif**
- **50 g Zucker**
- **3 EL gehackte Zitronen-melisseblättchen**

Zum Garnieren:
- **Ananasstückchen**
- **Zitronenmelisse-blättchen**

1 Für den Streuselteig Mehl in eine Rührschüssel sieben, mit Zucker und Vanillin-Zucker mischen und Ei und Butter oder Margarine hinzufügen. Alle Zutaten mit Handrührgerät mit Knethaken zu feinen Streuseln verarbeiten.

2 Aus dem Teig 3 Böden backen. Dazu jeweils ⅓ der Streusel auf einem gefetteten Springformboden (Ø 26 cm) verteilen und zu einem Boden leicht andrücken (darauf achten, daß der Boden am Rand nicht zu dünn ist).

3 Für den Belag Ananasraspel auf einem Sieb gut abtropfen lassen. Jeweils ⅓ der Ananasraspel auf jedem Boden verteilen. Die Böden ohne Springformrand auf dem Rost in den Backofen schieben.

Ober-/Unterhitze: etwa 200 °C (vorgeheizt)
Heißluft: etwa 180 °C (nicht vorgeheizt)
Gas: etwa Stufe 4 (vorgeheizt)
Backzeit: etwa 15 Min. pro Boden.

4 Die Böden nach dem Backen mit Hilfe eines Messers lösen, aber auf dem Springformboden erkalten lassen. Einen der Böden in 12 Stücke schneiden.

5 Für die Mascarponecreme Mascarpone, Joghurt und Zitronensaft zu einer einheitlichen Masse verrühren. Sahne mit Sahnesteif und Zucker steif schlagen und mit den gehackten Zitronenmelisseblättchen unter die Creme heben.

6 Jeweils die Hälfte der Mascarponecreme auf die nicht geschnittenen Böden streichen und die Böden zusammensetzen. Den geschnittenen Boden darauflegen, etwas andrücken und mit Ananasstückchen und Zitronenmelisseblättchen garnieren.

Tip:
Anstelle von Mascarpone können Sie auch Magerquark verwenden.

Waffeltorte

Zubereitungszeit: 30 Min.
Backzeit: etwa 24 Min.

Insgesamt:
E: 47 g, F: 310 g, Kh: 377 g, kJ: 19402, kcal: 4637

Für den Rührteig:
- **125 g weiche Margarine oder Butter**
- **100 g Zucker**
- **1 Prise Salz**
- **2 Eier**
- **1 Beutel Feine Orangenfrucht**
- **100 g Weizenmehl**
- **50 g Speisestärke**
- **1 Msp. Backpulver**
- **1 EL Kakaopulver**

Für die Füllung:
- **600 ml Schlagsahne**
- **2 Pck. Sahnesteif**
- **3 EL Zucker**
- **1 Pck. Vanillin-Zucker**
- **600 g gelbe Pflaumen**

Zum Garnieren:
- **1 EL gemahlene Pistazienkerne**

1 Für den Rührteig Margarine oder Butter mit Handrührgerät mit Rührbesen auf höchster Stufe geschmeidig rühren. Nach und nach Zucker und Salz unterrühren, so lange rühren, bis eine gebundene Masse entstanden ist. Eier nach und nach unterrühren (jedes Ei etwa 1/2 Minute). Feine Orangenfrucht unterrühren.

2 Mehl mit Speisestärke und Backpulver mischen, sieben und portionsweise auf mittlerer Stufe unterrühren. Die Teigmasse halbieren und unter die eine Hälfte den Kakao rühren.

3 Im gefetteten Waffeleisen aus beiden Teigsorten in je etwa 4 Minuten jeweils 3 Waffeln backen und auf einem Kuchenrost erkalten lassen.

4 Für die Füllung Sahne mit Sahnesteif, Zucker und Vanillin-Zucker steif schlagen. Die Pflaumen waschen, trockentupfen, entsteinen und in Spalten schneiden. Einige Pflaumenspalten zum Garnieren zurückbehalten.

5 Eine dunkle Waffel mit etwas Sahne bestreichen, einige Pflaumenspalten darauf verteilen und eine helle Waffel darauf legen. Diese ebenfalls mit Sahne bestreichen und mit Pflaumenspalten belegen. So fortfahren, bis sämtliche Waffeln aufgebraucht sind.

6 Die Torte mit der restlichen Sahne verzieren, mit den zurückgelassenen Pflaumenspalten und Pistazien garnieren.

Abwandlung:
Schoko-Waffeltorte
Den gesamten Teig mit 2 Eßlöffeln Kakaopulver zubereiten und mit Orangenlikör-Sahne (600 ml Schlagsahne und 3 Eßlöffel Orangenlikör) füllen. Nach Belieben Orangenfilets mit einschichten.

Tip:
Anstelle der gelben Pflaumen können Sie auch anderes Obst der Saison verwenden.

Hits für Kids

Mit diesen Torten und Kuchen für Ihre lieben Kleinen – oder auch schon etwas Größeren – werden Sie sich vor Komplimenten wie »echt super« und »wirklich stark« nicht mehr retten können.

Popcorn-Zitronenquark-Torte

Zubereitungszeit: 25 Min., ohne Kühlzeit

Insgesamt:
E: 108 g, F: 165 g, Kh: 236 g, kJ: 12487, kcal: 2984

Für den Boden:
- **150 g Zartbitterschokolade**
- **75 g Popcorn**

Für den Belag:
- **8 Blatt weiße Gelatine**
- **500 g Magerquark**
- **150 g Magerjoghurt**
- **50 g Zucker**
- **Saft von 2 Zitronen**
- **etwas abgeriebene Zitronenschale (unbehandelt)**
- **200 ml Schlagsahne**

Zum Verzieren:
- **100 ml Schlagsahne**
- **50 g Zartbitterschokolade**

1 Für den Boden Schokolade grob zerkleinern, in einem kleinen Topf im Wasserbad bei schwacher Hitze zu geschmeidiger Masse verrühren. 12 Stück Popcorn zurücklassen, den Rest grob hacken und unter die Schokolade rühren. Boden und Rand einer Springform (Ø 26 cm) mit Backpapier auslegen, die Masse einfüllen, festdrücken und fest werden lassen.

2 Für den Belag Gelatine in wenig kaltem Wasser einweichen. Quark, Joghurt, Zucker, Zitronensaft und -schale zu einer einheitlichen Masse verrühren. Gelatine gründlich ausdrücken, auflösen und unter die Quark-Joghurt-Masse rühren.

3 Wenn die Masse anfängt zu gelieren, Sahne steif schlagen und unterrühren. Die Quarkmasse auf den Boden geben, glattstreichen und etwa 60 Minuten kühl stellen.

4 Torte aus der Form lösen, Backpapier entfernen. Sahne steif schlagen, mit einem Spritzbeutel Sahnetuffs auf die Torte spritzen.

5 Schokolade auflösen, zurückgelassenes Popcorn halb hineintauchen, fest werden lassen, auf die Sahnetuffs setzen. Torte mit der restlichen Schokolade verzieren.

Panama-Spezial

Zubereitungszeit: 60 Min.
Backzeit: 40–45 Min.

Insgesamt:
E: 152 g, F: 294 g, Kh: 565 g, kJ: 23988, kcal: 5733

Für den Knetteig:
- **125 g Weizenmehl**
- **1 Msp. Backpulver**
- **50 g Zucker**
- **1 kleines Ei**
- **75 g Butter**

Für den Biskuitteig:
- **3 Eier, 90 g Zucker**
- **1 Pck. Vanillin-Zucker**
- **90 g Weizenmehl**
- **1 gestr. TL Backpulver**

Für Füllung I:
- **1 Pck. Tortenguß, rot**
- **1 EL Zucker**
- **200 ml Apfelsaft**
- **300 g TK-Beerenfrüchte**

Für Füllung II:
- **1 Dose Ananasscheiben (Abtropfgewicht 225 g)**
- **8 Blatt weiße Gelatine**
- **500 g Magerquark**
- **Saft von 1 Zitrone**
- **75–100g Zucker**
- **400–500 ml Schlagsahne**

- **150 ml Schlagsahne**
- **1 Pck. Sahnesteif**
- **1 TL Zucker**
- **Kiwischeiben**
- **Orangenscheiben**
- **25 g abgezogene, gehackte Mandeln**

1 Für den Knetteig Mehl und Backpulver mischen, in eine Rührschüssel sieben. Zucker, Ei und Butter hinzufügen. Zutaten mit Handrührgerät mit Knethaken zunächst kurz auf niedrigster, dann auf höchster Stufe gut durcharbeiten.

2 Anschließend auf der bemehlten Arbeitsfläche zu einem glatten Teig verkneten, sollte er kleben, ihn eine Zeitlang kalt stellen. Den Teig auf einem gefetteten Springformboden (Ø 26 cm) ausrollen und mehrmals mit einer Gabel einstechen. Den Springformrand um den Boden legen. Die Form auf dem Rost in den Backofen schieben.

Ober-/Unterhitze: 200–220 °C (vorgeheizt)
Heißluft: etwa 180 °C (nicht vorgeheizt)
Gas: Stufe 3–4 (vorgeheizt)
Backzeit: etwa 15 Min.

3 Gebackenen Boden sofort vom Springformboden lösen, aber erst nach Erkalten auf eine Tortenplatte legen. Einen Tortenring darumstellen.

4 Für den Biskuitteig Eier mit Handrührgerät mit Rührbesen auf höchster Stufe in 1 Minute schaumig schlagen. Zucker mit Vanillin-Zucker mischen, in 1 Minute einstreuen, dann noch etwa 2 Minuten schlagen.

5 Mehl mit Backpulver mischen, auf die Eiercreme sieben, kurz auf niedrigster Stufe unterrühren. Teig in eine Springform (Ø 28 cm, Boden gefettet, mit Backpapier belegt) füllen. Die Form sofort auf dem Rost in den Backofen schieben.

Ober-/Unterhitze: etwa 180 °C (vorgeheizt)
Heißluft: –
Gas: Stufe 2–3 (nicht vorgeheizt)
Backzeit: 25–30 Min.

6 Den Boden aus der Form lösen, auf einen Kuchenrost stürzen, das Backpapier abziehen und den Boden erkalten lassen. Ihn einmal waagerecht durchschneiden.

7 Für Füllung I Tortenguß mit Zucker und Apfelsaft nach Pakkungsaufschrift zubereiten. Beeren unterrühren (einige Früchte zum Garnieren zurücklassen). Die Masse auf dem Knetteigboden verteilen, mit dem unteren Biskuitboden bedecken und kalt stellen.

(Fortsetzung Seite 32)

8 Für Füllung II Ananas abtropfen lassen, dabei den Saft auffangen und 200 ml abmessen (evtl. mit Wasser auffüllen). Gelatine nach Packungsaufschrift einweichen. Quark, Ananas- und Zitronensaft und Zucker verrühren. Gelatine ausdrücken, auflösen und unterrühren. Sahne steif schlagen und unterheben.

9 Die Hälfte der Quarkmasse auf den Biskuitboden geben. Ananasscheiben in kleine Stücke schneiden (3 Scheiben zurücklassen), auf der Quarkmasse verteilen, mit dem oberen Biskuitboden bedecken. Boden mit restlicher Quarkmasse bestreichen und 3 Stunden kalt stellen.

10 Sahne mit Sahnesteif und Zucker steif schlagen. Den Tortenrand damit bestreichen. Torte mit Kiwi- und Orangenscheiben, Mandeln und zurückgelassenen, in Stücke geschnittenen Ananasscheiben und restlichen Beeren garnieren.

Holzfäller-Schnitten

Zubereitungszeit: 20 Min., ohne Teiggehzeit
Backzeit: etwa 50 Min.

Insgesamt:
E: 215 g, F: 193 g, Kh: 688 g, kJ: 23497, kcal: 5609

Für den Hefeteig:
- **375 g Weizenmehl**
- **1 Pck. Trockenhefe**
- **100–200 g Zucker**
- **1 Prise Salz**
- **200 ml lauwarme Milch**
- **100 g zerlassene, abgekühlte Butter**

Für den Belag:
- **1 Pck. Pudding-Pulver Vanille-Geschmack**
- **100 g Zucker**
- **500 ml (1/2 l) Milch**
- **4 Eigelb**
- **750 g Magerquark**
- **50 g Speisestärke**
- **4 Eiweiß**
- **100 g abgezogene, gestiftelte Mandeln**

- **2 EL Puderzucker**

1 Für den Hefeteig Mehl in eine Rührschüssel sieben und mit Hefe sorgfältig vermischen. Zucker, Salz, Milch und Butter hinzufügen.

2 Zutaten mit Handrührgerät mit Knethaken zunächst auf niedrigster, dann auf höchster Stufe in etwa 5 Minuten zu einem Teig verarbeiten.

3 Den Teig zugedeckt an einem warmen Ort so lange stehen lassen, bis er sich sichtbar vergrößert hat, ihn auf der Arbeitsfläche nochmals kurz durchkneten, in einer gefetteten Fettfangschale ausrollen.

4 Für den Belag aus Pudding-Pulver, Zucker und Milch nach Packungsaufschrift einen Pudding zubereiten und etwas abkühlen lassen. Eigelb, Quark und Speisestärke unterrühren.

5 Eiweiß steif schlagen und vorsichtig unterheben. Die Masse auf den Teig streichen und mit Mandeln bestreuen. Die Fettfangschale in den Backofen schieben.

Ober-/Unterhitze:
etwa 170 °C (vorgeheizt)
Heißluft: etwa 150 °C
(nicht vorgeheizt)
Gas: Stufe 2–3
(nicht vorgeheizt)
Backzeit: etwa 50 Min.

6 Den Kuchen etwas abkühlen lassen und mit Puderzucker bestäuben.

Mini-Dickmanns-Torte

Zubereitungszeit: 50 Min.
Backzeit: 40–50 Min.

Insgesamt:
E: 80 g, F: 322 g, Kh: 505 g, kJ: 22783, kcal: 5425

Für den Rührteig:
- **4 Eigelb**
- **150 g Zucker**
- **1 Pck. Vanillin-Zucker**
- **½ Fläschchen Butter-Vanille-Aroma**
- **100 ml lauwarmes Wasser**
- **150 ml Speiseöl**
- **300 g Weizenmehl**
- **4 gestr. TL Backpulver**
- **4 Eiweiß**
- **1 geh. EL Kakaopulver**

Für die Füllung:
- **400 ml Schlagsahne**
- **2 Pck. Sahnesteif**
- **einige Mini-Dickmanns**

Zum Bestreichen:
- **1 geh. EL Aprikosen-konfitüre**
- **knapp 1 EL Wasser**

1 Für den Rührteig Eigelb, Zukker und Vanillin-Zucker mit Handrührgerät mit Rührbesen auf höchster Stufe schaumig rühren. Butter-Vanille-Aroma, Wasser und Öl unterrühren.

2 Mehl mit Backpulver mischen, sieben und portionsweise auf mittlerer Stufe unterrühren. Eiweiß steif schlagen und unterziehen.

3 Die Hälfte des Teiges in eine Springform (Ø 26 oder 28 cm, Boden gefettet, mit Semmelbröseln bestreut) füllen und glattstreichen. Kakao unter den restlichen Teig rühren, in einen Spritzbeutel füllen und in Wellenform auf den hellen Teig spritzen. Die Form auf dem Rost in den Backofen schieben.

Ober-/Unterhitze:
etwa 180 °C (vorgeheizt)
Heißluft:
etwa 160 °C
(nicht vorgeheizt)
Gas: Stufe 3–4
(nicht vorgeheizt)
Backzeit: 40–50 Min.

4 Den Boden aus der Form lösen und auf einem Kuchenrost erkalten lassen. Den Boden einmal waagerecht durchschneiden. Aus dem oberen Boden einige Kreise (in der Größe der Mini-Dickmanns) ausstechen, das ausgestochene Gebäck zerbröseln.

5 Für die Füllung Sahne mit Sahnesteif steif schlagen, die Gebäckbrösel (2 Eßlöffel zum Verzieren zurücklassen) unterheben und die Masse auf den unteren Boden streichen. Den oberen Boden darauf legen.

6 Aprikosenkonfitüre und Wasser verrühren, unter Rühren aufkochen lassen und die Torte damit bestreichen. Die Mini-Dickmanns in die Kreise setzen und die Torte mit den zurückgelassenen Gebäckbröseln bestreuen.

Schokokusstorte mit Mandarinen

Zubereitungszeit: 45 Min., ohne Kühlzeit
Backzeit: 25–30 Min.

Insgesamt:
E: 104 g, F: 263 g, Kh: 646 g, kJ: 23410, kcal: 5556

Für den Biskuitteig:

- **4 Eier**
- **4 EL heißes Wasser**
- **175 g Zucker**
- **1 Pck. Vanillin-Zucker**
- **150 g Weizenmehl**
- **50 g Speisestärke**
- **2 TL Backpulver**

Für die Füllung:

- **2 Dosen Mandarinen (à 175 g Abtropfgewicht)**
- **12 Schokoküsse**
- **250 g Sahnequark**
- **1 TL Zitronensaft**
- **25 g Zucker**
- **150 g saure Sahne**
- **500 ml (1/2 l) Schlagsahne**
- **3 Pck. Sahnesteif**

- **Zitronenmelisseblättchen**

1 Für den Biskuitteig Eier und Wasser mit Handrührgerät mit Rührbesen auf höchster Stufe in 1 Minute schaumig schlagen.

2 Zucker mit Vanillin-Zucker mischen, in 1 Minute einstreuen, dann noch etwa 2 Minuten schlagen.

3 Mehl, Speisestärke und Backpulver mischen, die Hälfte davon auf die Eiercreme sieben und kurz auf niedrigster Stufe unterrühren. Den Rest des Mehlgemisches auf die gleiche Weise unterarbeiten.

4 Den Teig in eine Springform (Ø 28 cm, Boden gefettet, mit Backpapier belegt) füllen. Die Form sofort auf dem Rost in den Backofen schieben.

Ober-/Unterhitze:
etwa 180 °C (vorgeheizt)
Heißluft: –
Gas: Stufe 2–3
(nicht vorgeheizt)
Backzeit: 25–30 Min.

5 Den Tortenboden aus der Form lösen, auf einen Kuchenrost stürzen, das Backpapier abziehen und den Boden erkalten lassen. Ihn einmal waagerecht durchschneiden.

6 Für die Füllung Mandarinen auf einem Sieb gut abtropfen lassen. 18 Mandarinenspalten zum Garnieren zurücklassen, die restlichen auf dem unteren Boden verteilen.

7 Die Waffeln der Schokoküsse vorsichtig abtrennen und zum Garnieren beiseite legen. Die Schaummasse mit Quark, Zitronensaft, Zucker und saurer Sahne mit Handrührgerät mit Rührbesen verrühren. Sahne mit Sahnesteif steif schlagen und portionsweise unter die Quarkmasse heben.

8 Zwei Drittel der Masse gleichmäßig auf die Mandarinen streichen und den oberen Boden darauflegen. Mit der restlichen Masse Tortenoberfläche und -rand bestreichen. Die Torte etwa 1 Stunde kühl stellen.

9 Die Torte mit geviertelten Schokokußwaffeln, Mandarinenspalten und Zitronenmelisseblättchen garnieren.

Tip:
Anstelle der Mandarinen Sauerkirschen oder Bananen verwenden oder die Torte ohne Früchte zubereiten.

Schokokusstorte

Zubereitungszeit: 50 Min., ohne Kühlzeit
Backzeit: etwa 20 Min.

Insgesamt:
E: 104 g, F: 457 g, Kh: 824 g, kJ: 33855, kcal: 8039

Für den Rührteig:

- **150 g weiche Butter oder Margarine**
- **150 g Zucker**
- **1 Pck. Vanillin-Zucker**
- **3 Eier**
- **150 g Weizenmehl**
- **1 gestr. TL Backpulver**

Für den Belag:

- **300 g TK-Himbeeren**
- **5 Blatt weiße Gelatine**
- **200 g Zucker**
- **2 Pck. Vanillin-Zucker**
- **abgeriebene Schale und Saft von 1 Zitrone (unbehandelt)**
- **600 ml Schlagsahne**
- **100 g Butterkekse**
- **100 g gehobelte Haselnußkerne**

- **etwa 30 Schokoküsse**
- **etwa 30 Weingummis in Tier- und Obstform**

1 Für den Rührteig Butter oder Margarine mit Handrührgerät mit Rührbesen auf höchster Stufe geschmeidig rühren. Nach und nach Zucker und Vanillin-Zucker unterrühren, so lange rühren, bis eine gebundene Masse entstanden ist. Eier nach und nach unterrühren (jedes Ei etwa 1/2 Minute).

2 Mehl mit Backpulver mischen, sieben und portionsweise auf mittlerer Stufe unterrühren. Den Teig in eine gefettete, gemehlte Obstbodenform (Ø 28 cm) füllen. Die Form auf dem Rost in den Backofen schieben.

Ober-/Unterhitze: etwa 180 °C (vorgeheizt)
Heißluft: etwa 160 °C (nicht vorgeheizt)
Gas: Stufe 2–3 (nicht vorgeheizt)
Backzeit: etwa 20 Min.

3 Den Tortenboden sofort auf einen Kuchenrost stürzen und erkalten lassen.

4 Für den Belag Himbeeren auftauen lassen. Gelatine in wenig kaltem Wasser einweichen.

5 Himbeeren pürieren und mit Zucker, Vanillin-Zucker, Zitronenschale und -saft verrühren. Gelatine gründlich ausdrücken, auflösen, nach und nach mit dem Schneebesen unter das Himbeerpüree rühren. Im Kühlschrank leicht gelieren lassen.

6 Ein Drittel der Sahne steif schlagen. Butterkekse zerbröseln und mit den Haselnußblättchen unter die Sahne heben. Das Gemisch unter das gelierende Himbeerpüree ziehen. Die Masse in eine kalt ausgespülte Form oder Schüssel (Ø etwas kleiner als der Tortenboden) geben und etwa 5 Stunden in den Kühlschrank stellen.

7 Die Masse vorsichtig vom Rand der Form (Schüssel) lösen, das Gefäß ganz kurz in heißes Wasser tauchen und die Masse auf den Tortenboden stürzen.

8 Die Schokoküsse vorsichtig rundherum in die Creme setzen. Restliche Sahne steif schlagen, in einen Spritzbeutel mit Sterntülle füllen und dicke Sahnetuffs zwischen die Schokoküsse spritzen. Die Torte nach Belieben mit dem Weingummi garnieren.

Tip:
Schneller geht's, wenn Sie einen fertig gekauften Biskuitboden für Obsttorten verwenden.

Milky-Way-Torte

Zubereitungszeit: 60 Min., ohne Kühlzeit
Backzeit: etwa 30 Min.

Insgesamt:
E: 87 g, F: 266 g, Kh: 653 g, kJ: 23144, kcal: 5523

Für die Milky-Way-Creme:
- **500 ml (1/2 l) Schlagsahne**
- **8 Riegel Milky Way (à 25 g)**
- **100 g Zartbitterschokolade**
- **2 Pck. Sahnesteif**

Für den Biskuitteig:
- **2 Eier**
- **2 EL heißes Wasser**
- **100 g Zucker**
- **1 Pck. Vanillin-Zucker**
- **75 g Weizenmehl**
- **50 g Speisestärke**
- **1 gestr. TL Backpulver**

Für den Belag:
- **1 Dose Pfirsiche (Abtropfgewicht 470 g)**
- **3–4 EL Nuß-Nougat-Creme**
- **1 Pck. Tortenguß, klar**
- **250 ml (1/4 l) Pfirsichsaft**

Für die Joghurtcreme:
- **1 Pck. Gelatine gemahlen, weiß**
- **4 EL kaltes Wasser**
- **300 g Joghurt**
- **Saft 1/2 Zitrone**
- **Kakaopulver**

1 Für die Milky-Way-Creme Sahne mit den Milky Ways erwärmen, bis diese geschmolzen sind. Schokolade grob zerkleinern, dazugeben und ebenfalls auflösen. Die Masse in eine Rührschüssel füllen und über Nacht kalt stellen.

2 Für den Biskuitteig Eier und Wasser mit Handrührgerät mit Rührbesen auf höchster Stufe in 1 Minute schaumig schlagen. Zucker mit Vanillin-Zucker mischen, in 1 Minute einstreuen, dann noch etwa 2 Minuten schlagen.

3 Mehl, Speisestärke und Backpulver mischen, die Hälfte davon auf die Eiercreme sieben und kurz auf niedrigster Stufe unterrühren. Den Rest des Mehlgemisches auf die gleiche Weise unterarbeiten.

4 Den Teig in eine Springform (Ø 28 cm, Boden gefettet, mit Backpapier belegt) füllen. Sofort auf dem Rost in den Backofen schieben.

Ober-/Unterhitze:
etwa 180 °C (vorgeheizt)
Heißluft: –
Gas: Stufe 3–4
(nicht vorgeheizt)
Backzeit: 20–30 Min.

5 Den Tortenboden aus der Form lösen, auf einen Kuchenrost stürzen, das Backpapier abziehen und den Boden erkalten lassen.

6 Für den Belag Pfirsiche auf einem Sieb gut abtropfen lassen, den Saft auffangen und 250 ml (1/4 l) abmessen. Nuß-Nougat-Creme im Wasserbad auflösen, Tortenboden damit bestreichen. 2 Pfirsiche zurücklassen, die restlichen in Spalten schneiden, auf dem Boden verteilen.

7 Aus Tortenguß, Zucker und Pfirsichsaft nach Packungsaufschrift einen Guß bereiten und auf den Pfirsichen verteilen.

8 Für die Joghurtcreme Gelatine mit Wasser anrühren, 10 Minuten quellen lassen. Joghurt mit Zitronensaft verrühren. Die zurückgelassenen Pfirsichhälften pürieren und unter den Joghurt rühren.

9 Gelatine unter Rühren erwärmen, bis sie gelöst ist, unter die Joghurtmasse rühren. Die Masse auf die Pfirsiche streichen und die Torte kalt stellen.

10 Die Milky-Way-Creme mit Sahnesteif steif schlagen, auf die Joghurtmasse geben, glattstreichen und mit einer Gabel leichte Vertiefungen eindrücken. Die Torte mit Kakao bestreuen und nochmals 3 Stunden kalt stellen.

Fantaschnitten mit Pfirsichschmand*

Zubereitungszeit: 35 Min.
Backzeit: etwa 25 Min.

Insgesamt:
E: 89 g, F: 443 g, Kh: 720 g, kJ: 31248, kcal: 7468

Für den Teig:
- **4 Eier**
- **250 g Zucker**
- **1 Pck. Vanillin-Zucker**
- **125 ml (1/8 l) Speiseöl**
- **150 ml Fanta**
- **250 g Weizenmehl**
- **3 gestr. TL Backpulver**

Für den Belag:
- **2 Dosen Pfirsiche (à 470 g Abtropfgewicht)**
- **600 ml Schlagsahne**
- **3 Pck. Sahnesteif**
- **5 Pck. Vanillin-Zucker**
- **500 g Schmand**

- **Zimtzucker**

*Rezept nicht durch Coca-Cola autorisiert

1 Für den Teig Eier, Zucker und Vanillin-Zucker mit Handrührgerät mit Rührbesen auf höchster Stufe schaumig schlagen. Öl und Fanta unterrühren.

2 Mehl und Backpulver mischen, sieben und portionsweise auf mittlerer Stufe unterrühren. Den Teig auf ein gefettetes Backblech streichen. Das Backblech in den Backofen schieben.

Ober-/Unterhitze: etwa 180 °C (vorgeheizt)
Heißluft: etwa 160 °C (nicht vorgeheizt)
Gas: Stufe 2–3 (vorgeheizt)
Backzeit: etwa 25 Min.

3 Den Kuchen auf dem Backblech erkalten lassen.

4 Für den Belag Pfirsiche auf einem Sieb abtropfen lassen und in kleine Stücke schneiden. Sahne mit Sahnesteif und 3 Päckchen Vanillin-Zucker steif schlagen.

5 Schmand mit dem restlichen Vanillin-Zucker verrühren. Pfirsichstücke unter den Schmand rühren und Sahne locker unterheben. Die Masse gleichmäßig auf den Kuchen streichen und mit Zimtzucker bestreuen.

Tips:
Anstelle der Pfirsiche 2 Dosen Mandarinen (à 175 g Abtropfgewicht) verwenden. Der Schmand kann auch durch Crème fraîche ersetzt werden.

Zebrakuchen

Zubereitungszeit: 25 Min.
Backzeit: 50–60 Min.

Insgesamt:
E: 82 g, F: 288 g, Kh: 688 g, kJ: 24460, kcal: 5842

Für den Teig:
- **5 Eigelb**
- **250 g Zucker**
- **1 Pck. Vanillin-Zucker**
- **½ Fläschchen Butter-Vanille-Aroma**
- **125 ml (⅛ l) lauwarmes Wasser**
- **250 ml (¼ l) Speiseöl**
- **375 g Weizenmehl**
- **1 Pck. Backpulver**
- **5 Eiweiß**
- **2 EL Kakaopulver**

Für den Guß:
- **150 g gesiebter Puderzucker**
- **2 EL Zitronensaft**
- **3–4 EL Wasser**

1 Für den Teig Eigelb, Zucker und Vanillin-Zucker mit Handrührgerät mit Rührbesen auf höchster Stu- fe schaumig rühren. Butter-Vanille- Aroma, Wasser und Öl unterrühren.

2 Mehl und Backpulver mischen, sieben und portionsweise unterrühren. Eiweiß steif schlagen und vorsichtig unterziehen. Unter die Hälfte des Teiges den Kakao rühren.

3 Zunächst 2 Eßlöffel des hellen Teiges in die Mitte einer Springform (Ø 26 cm, Boden gefettet, mit Semmelbröseln bestreut) geben (nicht verteilen!). Auf den hellen Teig 2 Eßlöffel von dem dunklen Teig geben (nicht daneben).

4 Den Vorgang wiederholen, bis der Teig aufgebraucht ist. Den Teig nicht glattstreichen. Die Form auf dem Rost in den Backofen schieben.

Abwandlung:
Für einen Giraffenkuchen abwechselnd jeweils 1 Eßlöffel hellen und 1 Eßlöffel dunklen Teig im Schachbrettmuster (die zweite Lage in den Farben versetzt) in die Springform füllen. Den Guß noch feucht mit aufgelöster Schokolade betupfen.

Ober-/Unterhitze: etwa 180 °C (vorgeheizt)
Heißluft: etwa 160 °C (nicht vorgeheizt)
Gas: Stufe 2–3 (nicht vorgeheizt)
Backzeit: 50–60 Min.

5 Den Boden aus der Form lösen und auf einem Kuchenrost erkalten lassen.

6 Für den Guß Puderzucker, Zitronensaft und so viel Wasser verrühren, daß ein dünnflüssiger Guß entsteht. Den erkalteten Kuchen damit überziehen.

Tip:
Für Diabetiker den Teig mit 100 g Fruchtzucker und 5 ml flüssigem Süßstoff zubereiten und nicht mit Guß überziehen.

Milka-Herzen-Torte

Zubereitungszeit: 50 Min., ohne Kühlzeit
Backzeit: 20–25 Min.

Insgesamt:
E: 87 g, F: 388 g, Kh: 568 g, kJ: 26510, kcal: 6339

Für den Biskuitteig:
- **2 Eier**
- **2 EL heißes Wasser**
- **100 g Zucker**
- **1 Pck. Vanillin-Zucker**
- **100 g Weizenmehl**
- **1 gestr. TL Backpulver**

Für die Füllung:
- **5 mittelgroße Bananen**
- **2 EL Zitronensaft**
- **je 100 g Vollmilch- und Zartbitterschokolade**
- **3 Eier**
- **150 g weiche Butter**
- **1 Pck. Vanillin-Zucker**
- **500 ml (1/2 l) Schlagsahne**
- **2 Pck. Sahnesteif**

Zum Garnieren:
- **12–16 Milka-Herzen**
- **2 EL Schokoladenraspel**

1 Für den Biskuitteig Eier und Wasser mit Handrührgerät mit Rührbesen auf höchster Stufe in 1 Minute schaumig schlagen. Zucker mit Vanillin-Zucker mischen, in 1 Minute einstreuen, dann noch etwa 2 Minuten schlagen.

2 Mehl und Backpulver mischen, die Hälfte davon auf die Eiercreme sieben und kurz auf niedrigster Stufe unterrühren. Den Rest des Mehlgemisches auf die gleiche Weise unterarbeiten.

3 Den Teig in eine Springform (Ø 28 cm, Boden gefettet, mit Backpapier belegt) füllen. Die Form sofort auf dem Rost in den Backofen schieben.

Ober-/Unterhitze:
etwa 180 °C (vorgeheizt)
Heißluft: –
Gas: etwa Stufe 3 (nicht vorgeheizt)
Backzeit: 20–25 Min.

4 Den Tortenboden aus der Form lösen, auf einen Kuchenrost stürzen, das Backpapier abziehen und den Boden erkalten lassen.

5 Für die Füllung Bananen schälen und quer halbieren. Eine Hälfte in Scheiben schneiden, die restlichen Hälften längs halbieren. Die Bananenstücke mit Zitronensaft beträufeln.

6 Schokolade grob zerkleinern, in einem kleinen Topf im Wasserbad bei schwacher Hitze zu geschmeidiger Masse verrühren und etwas abkühlen lassen.

7 Eier trennen. Eigelb, Butter und Vanillin-Zucker cremig rühren. Die abgekühlte Schokolade unterrühren. Eiweiß steif schlagen und unter die Masse heben.

8 Sahne mit Sahnesteif steif schlagen. Den Springformrand um den Tortenboden legen und die halbierten Bananen auf dem Boden verteilen. Erst die Sahne (4 Eßlöffel zum Verzieren zurückbehalten) und dann die Schokoladenmasse daraufstreichen. Die Torte etwa 3 Stunden kalt stellen.

9 Die Torte mit Sahnetuffs verzieren, mit Milka-Herzen, Bananenscheiben und Schokoladenraspeln garnieren.

Tip:
Für die Füllung nur absolut frische Eier verwenden.

Milka

Knuspertorte mit Quark

Zubereitungszeit: 35 Min., ohne Kühlzeit

Insgesamt:
E: 122 g, F: 165 g, Kh: 391 g, kJ: 15455, kcal: 3690

Für Boden und Crossies:
- **100 g Vollmilchschokolade**
- **100 g Zartbitterschokolade**
- **200 g Knuspermüsli**

Für den Belag:
- **1 kleine Galiamelone (etwa 600 g)**
- **1 Dose Mandarinen (Abtropfgewicht 175 g)**
- **8 Blatt weiße Gelatine**
- **500 g Magerquark**
- **75–100 g Zucker**
- **250 ml (1/4 l) Schlagsahne**

1 Für Boden und Crossies beide Schokoladensorten grob zerkleinern, zusammen in einem Topf im Wasserbad bei schwacher Hitze zu geschmeidiger Masse verrühren und mit dem Müsli mischen. Aus der Masse mit zwei Teelöffeln 12 kleine Häufchen abstechen, auf ein mit Öl bestrichenes Stück Backpapier setzen.

2 Die restliche Masse in einem Springformrand (Ø 26 cm) als Tortenboden auf eine leicht geölte Platte drücken. Boden und Häufchen etwa 30 Minuten kalt stellen.

3 In der Zwischenzeit für den Belag die Melone vierteln und entkernen. Das Fruchtfleisch von der Schale schneiden. 3 Melonenviertel in feine Würfel, das restliche Viertel in Spalten schneiden.

4 Mandarinen auf einem Sieb abtropfen lassen, dabei den Saft auffangen und 200 ml abmessen. Gelatine nach Packungsaufschrift einweichen.

5 Quark mit Mandarinensaft und Zucker verrühren. Gelatine ausdrücken, auflösen und unterrühren. Sahne steif schlagen und unterheben.

6 Melonenwürfel und 2/3 der Mandarinen unterheben. Die Creme auf den Tortenboden streichen und mindestens 4 Stunden kalt stellen.

7 Die Torte mit Melonenspalten, restlichen Mandarinen und Crossies garniert servieren.

Abwandlung:
Die Torte anstelle mit Melone und Mandarinen nur mit Himbeeren zubereiten.

Tip:
Die Galiamelone ist eine Netzmelonenart.

Fress-mich-dumm-Kuchen

Zubereitungszeit: 35 Min.
Backzeit: 15–20 Min.

Insgesamt:
E: 83 g, F: 414 g, Kh: 507 g, kJ: 26253, kcal: 6270

Für den Knetteig:
- **250 g Weizenmehl**
- **3 gestr. TL Backpulver**
- **65 g Zucker**
- **1 Prise Salz**
- **je 3 Tropfen Butter-Vanille- und Bittermandel-Aroma**
- **1 Ei**
- **125 g Butter oder Margarine**

Für die Buttercreme:
- **½ Pck. Pudding-Pulver Vanille-Geschmack**
- **50 g Zucker**
- **1 Prise Salz**
- **250 ml (¼ l) Milch**
- **125 g Butter**
- **25 g Kokosfett**

Für den Belag:
- **250 g grob gehackte Walnußkerne**
- **125 g Butter**
- **125 g Zucker**
- **50 g Halbbitter-kuvertüre**

1 Für den Knetteig Mehl und Backpulver mischen und in eine Rührschüssel sieben. Zucker, Salz, Aromen, Ei und Butter oder Margarine hinzufügen. Die Zutaten mit Handrührgerät mit Knethaken zunächst kurz auf niedrigster, dann auf höchster Stufe gut durcharbeiten.

2 Anschließend auf der bemehlten Arbeitsfläche zu einem glatten Teig verkneten, sollte er kleben, ihn eine Zeitlang kalt stellen. Den Teig auf einem gefetteten Backblech etwa ½ cm dick zu einem Quadrat (etwa 30 x 30 cm) ausrollen und mehrmals mit einer Gabel einstechen. Das Backblech in den Backofen schieben.

Ober-/Unterhitze:
etwa 200 °C (vorgeheizt)
Heißluft: etwa 180 °C
(nicht vorgeheizt)
Gas: Stufe 3–4
(vorgeheizt)
Backzeit: 15–20 Min.

3 Den Boden auf dem Backblech erkalten lassen.

4 Für die Buttercreme aus Pudding-Pulver, Zucker, Salz und Milch nach Packungsaufschrift einen Pudding zubereiten und unter gelegentlichem Umrühren erkalten lassen.

5 Butter und Kokosfett zerlassen, etwas abkühlen lassen, zu dem Pudding geben, gut verrühren und auf den erkalteten Boden streichen.

6 Für den Belag Walnußkerne in Butter und Zucker rösten und auf der Creme verteilen. Kuvertüre in einem kleinen Topf im Wasserbad bei schwacher Hitze zu geschmeidiger Masse verrühren. In einen Gefrierbeutel geben, eine Ecke abschneiden und den Kuchen mit der Kuvertüre besprenkeln.

Abwandlung:
Für eine Erwachsenenversion anstelle der Walnüsse abgezogene, gehobelte Mandeln verwenden und die Buttercreme mit 2–3 Eßlöffeln Amaretto abschmecken.

Heissgeliebte Klassiker

Wer kennt sie nicht, die Evergreens der Kaffeetafel, erprobt und gelobt und immer wieder gern gegessen? Hier kommen Philadelphia-Torte, Schwimmbadtorte und, und, und.

Aranca-Sekt-Torte

Zubereitungszeit: 50 Min.
Backzeit: etwa 30 Min.

Insgesamt:
E: 82 g, F: 238 g, Kh: 525 g, kJ: 20986, kcal: 5015

Für den Biskuitteig:
- **4 Eier**
- **4 EL heißes Wasser**
- **150 g Zucker**
- **1 Pck. Vanillin-Zucker**
- **150 g Weizenmehl**
- **1 gestr. TL Backpulver**
- **100 g abgezogene, gemahlene Mandeln**

Für die Füllung:
- **2 Dosen Mandarinen (à Abtropfgewicht 175 g)**
- **2 Pck. Aranca Mandarinen-Geschmack**
- **400 ml Sekt**
- **500 ml (1/2 l) Schlagsahne**
- **1 Pck. Sahnesteif**
- **1 Pck. Vanillin-Zucker**

- **Schoko-Ornamente**

1 Für den Biskuitteig Eier und Wasser mit Handrührgerät mit Rührbesen auf höchster Stufe in 1 Minute schaumig schlagen. Zucker und Vanillin-Zucker mischen, in 1 Minute einstreuen, dann noch etwa 2 Minuten schlagen.

2 Mehl mit Backpulver mischen, die Hälfte davon auf die Eiercreme sieben und kurz unterrühren. Den Rest des Mehlgemisches auf die gleiche Weise unterarbeiten. Mandeln unterrühren.
Den Teig in eine Springform (Ø 28 cm, Boden gefettet, mit Backpapier belegt) füllen.
Die Form sofort auf dem Rost in den Backofen schieben.

Ober-/Unterhitze: etwa 180 °C (vorgeheizt)
Heißluft: –
Gas: Stufe 2–3 (nicht vorgeheizt)
Backzeit: etwa 30 Min.

(Fortsetzung Seite 54)

Wilde Wachau

(Fortsetzung von Aranca-Sekt-Torte)

3 Den Tortenboden aus der Form lösen, auf einen mit Backpapier belegten Kuchenrost stürzen, das Backpapier abziehen, den Boden erkalten lassen und einmal waagerecht durchschneiden.

4 Für die Füllung Mandarinen auf einem Sieb abtropfen lassen. Aranca nach Packungsaufschrift – aber mit Sekt anstelle von Wasser, ohne Joghurt und ohne Ei – zubereiten.

5 Sahne mit Sahnesteif und Vanillin-Zucker steif schlagen und unter die Speise rühren. 1/4 der Creme auf den unteren Boden streichen, mit den Mandarinen (einige zum Garnieren zurücklassen) belegen, mit knapp der Hälfte der restlichen Creme bestreichen und mit dem oberen Boden bedecken.

6 Tortenoberfläche und -rand mit der Hälfte der restlichen Creme bestreichen. Creme in einen Spritzbeutel füllen, Tortenoberfläche damit verzieren. Mit zurückgelassenen Mandarinen und Schoko-Ornamenten garnieren.

Zubereitungszeit: 50 Min.
Backzeit: etwa 30 Min.

Insgesamt:
E: 91 g, F: 353 g, Kh: 327 g, kJ: 21168, kcal: 5059

Für den Biskuitteig:
- **4 Eier**
- **140 g Zucker**
- **50 g Weizenmehl**
- **1 gestr. TL Backpulver**
- **50 g geriebene Zartbitterschokolade**
- **3 fein zerbröselte Zwiebäcke**
- **140 g abgezogene, gemahlene Mandeln**

Für den Belag:
- **500 ml (1/2 l) Schlagsahne**
- **2 Pck. Sahnesteif**
- **20 g Zucker**
- **2 Pck. Vanillin-Zucker**
- **2 Beutel Instant Cappuccinopulver**

Zum Verzieren:
- **250 ml (1/4 l) Schlagsahne**
- **gesiebter Puderzucker**

1 Für den Biskuitteig Eier mit Handrührgerät mit Rührbesen auf höchster Stufe in 1 Minute schaumig schlagen. Zucker in 1 Minute einstreuen, dann noch etwa 2 Minuten schlagen.

2 Mehl und Backpulver mischen, auf die Eiercreme sieben und kurz auf niedrigster Stufe unterrühren. Schokolade, Zwiebäcke und Mandeln mischen und unterrühren.

3 Den Teig in eine Springform (Ø 28 cm, Boden gefettet, mit Backpapier belegt) füllen und die Form sofort auf dem Rost in den Backofen schieben.

Ober-/Unterhitze: etwa 180 °C (vorgeheizt)
Heißluft: –
Gas: Stufe 2–3 (nicht vorgeheizt)
Backzeit: etwa 30 Min.

4 Den Boden aus der Form lösen, auf einen Kuchenrost stürzen, das Backpapier abziehen und den Boden erkalten lassen. 1/3 des Bodens waagerecht abschneiden.

5 Für den Belag Sahne mit Sahnesteif, Zucker und Vanillin-Zucker steif schlagen. Cappuccinopulver unterrühren und die Masse kuppelartig auf den unteren (dickeren) Boden streichen.

6 Sahne steif schlagen und auf die Cappuccinosahne streichen. Den oberen (dünneren) Boden zerbröseln und die Torte damit bestreuen. Mit Puderzucker bestäuben.

Philadelphia-Torte

Foto
Zubereitungszeit: 25 Min., ohne Kühlzeit

Insgesamt:
E: 59 g, F: 328 g, Kh: 261 g, kJ: 18253, kcal: 4361

Für den Boden:
- **150 g Löffelbiskuits**
- **120 g Butter**

Für die Füllung:
- **1 Beutel aus 1 Pck. Götterspeise Zitrone-Geschmack**
- **200 ml Wasser**
- **200 g Philadelphia (Doppelrahm-Frischkäse)**
- **125 g Zucker**
- **1 Pck. Vanillin-Zucker**
- **2 EL Zitronensaft**
- **500 ml (1/2 l) Schlagsahne**
- **60 g Löffelbiskuits**

1 Für den Boden Löffelbiskuits in eine Plastiktüte geben, die Tüte verschließen, die Löffelbiskuits mit einer Teigrolle zerdrücken und in eine Schüssel geben.

2 Butter zerlassen, zu den Löffelbiskuits geben und gut verrühren. Die Masse gleichmäßig in eine Springform (Ø 26 cm, Boden gefettet) verteilen und gut andrücken.

3 Für die Füllung Götterspeise mit Wasser anrühren, 10 Minuten zum Quellen stehen lassen, unter Rühren erhitzen, bis die Götterspeise gelöst ist und etwas abkühlen lassen.

4 Frischkäse mit Zucker, Vanillin-Zucker und Zitronensaft verrühren, Götterspeise unterrühren.

5 Wenn die Masse anfängt dicklich zu werden, Sahne steif schlagen, unterheben. Die Masse auf dem Boden verteilen, glattstreichen.

6 Löffelbiskuits zerkrümeln, auf die Käsemasse streuen und die Torte bis zum Verzehr kalt stellen.

Philadelphia-Wein-Torte

Zubereitungszeit: 25 Min., ohne Kühlzeit

Insgesamt:
E: 60 g, F: 328 g, Kh: 238 g, kJ: 18583, kcal: 4439

Für den Boden:
- **siehe Philadelphia-Torte**

Für die Füllung:
- **1 Pck. Gelatine gemahlen, weiß**
- **4 EL kaltes Wasser**
- **200 g Philadelphia**
- **6 EL Zucker**
- **1 Pck. Vanillin-Zucker**
- **Saft von 2 Zitronen**
- **250 ml (1/4 l) Weißwein**
- **500 ml (1/2 l) Schlagsahne**
- **60 g Löffelbiskuits**

1 Boden entsprechend Philadelphia-Torte zubereiten.

2 Für die Füllung Gelatine mit Wasser anrühren und 10 Minuten quellen lassen. Philadelphia mit Zucker, Vanillin-Zucker, Zitronensaft und Wein verrühren. Gelatine auflösen und unterrühren.

3 Wenn die Masse anfängt dicklich zu werden, Sahne steif schlagen, unterheben. Die Masse auf dem Boden verteilen, glattstreichen.

4 Löffelbiskuits zerkrümeln, auf die Käsemasse streuen und die Torte etwa 2 Stunden kalt stellen.

Dänische Sauerrahmtorte

Zubereitungszeit: 40 Min., ohne Kühlzeit
Backzeit: etwa 10 Min.

Insgesamt:
E: 63 g, F: 405 g, Kh: 555 g, kJ: 26269, kcal: 6277

Für den Knetteig:
- **150 g Weizenmehl**
- **50 g Zucker**
- **100 g Butter**

- **2 EL Aprikosen-konfitüre**

- **je 1 heller und dunkler, etwa 1 cm dicker Biskuitboden (fertig gekauft)**

Für die Füllung:
- **6 Blatt weiße Gelatine**
- **400 g Schmand**
- **Saft von 1 Zitrone**
- **150 g Zucker**
- **500 ml ½ l) Schlag-sahne**
- **1 Dose Mandarinen (Abtropfgewicht 175 g)**
- **1 kleine Dose Aprikosen (Abtropfgewicht 240 g)**

Zum Verzieren:
- **250 ml (¼ l) Schlag-sahne**
- **1 Pck. Vanillin-Zucker**

1 Für den Knetteig Mehl in eine Rührschüssel sieben. Zucker und Butter hinzufügen. Die Zutaten mit Handrührgerät mit Knethaken zunächst kurz auf niedrigster, dann auf höchster Stufe gut durcharbeiten.

2 Anschließend auf der bemehlten Arbeitsfläche zu einem glatten Teig verkneten, sollte er kleben, ihn eine Zeitlang kalt stellen. Den Teig auf einem gefetteten Springformboden (Ø 26 cm) ausrollen und mehrmals mit einer Gabel einstechen. Den Springformrand um den Boden legen. Die Form auf dem Rost in den Backofen schieben.

Ober-/Unterhitze: etwa 200 °C (vorgeheizt)
Heißluft: etwa 180 °C (nicht vorgeheizt)
Gas: Stufe 3–4 (vorgeheizt)
Backzeit: etwa 10 Min.

3 Den Tortenboden aus der Form lösen und auf einem Kuchenrost erkalten lassen.

4 Den Tortenboden mit Aprikosenkonfitüre bestreichen und mit dem hellen Biskuitboden be-decken. Einen Tortenring um den Boden legen.

5 Für die Füllung Gelatine in wenig kaltem Wasser einweichen. Schmand mit Zitronensaft und Zucker verrühren. Gelatine gründlich ausdrücken, auflösen und unterrühren. Wenn die Masse anfängt zu gelieren, Sahne steif schlagen und unterheben.

6 Die Hälfte der Creme auf dem hellen Biskuitboden verteilen, den dunklen Biskuitboden darauflegen.

7 Mandarinen und Aprikosen auf einem Sieb abtropfen lassen, einige zum Garnieren zurücklassen und die restlichen auf dem Boden verteilen. Die restliche Creme darauf geben und glattstreichen. Die Torte etwa 3 Stunden kalt stellen.

8 Den Tortenring entfernen. Sahne mit Vanillin-Zucker steif schlagen, in einen Spritzbeutel mit Sterntülle füllen. Die Tortenoberfläche mit Sahne verzieren und mit den zurückgelassenen Mandarinen und in Spalten geschnittenen Aprikosen garnieren.

Tip:
Schmand ist ein 20–24%iger Sauerrahm.

Kratertorte

Zubereitungszeit: 50 Min.
Backzeit: etwa 40 Min.

Insgesamt:
E: 102 g, F: 305 g, Kh: 484 g, kJ: 22319, kcal: 5332

Für den Rührteig:
- **125 g weiche Butter oder Margarine**
- **125 g Zucker**
- **1 Pck. Vanillin-Zucker**
- **5 Tropfen Zitronen-Aroma**
- **1 Prise Salz**
- **4 Eigelb**
- **150 g Weizenmehl**
- **1 gestr. TL Backpulver**
- **2 EL Milch**

Für die Baisermasse:
- **4 Eiweiß**
- **100 g feinkörniger Zucker**
- **200 g abgezogene, gehobelte Mandeln**

Für die Himbeerfüllung:
- **300 g TK-Himbeeren**
- **50 g Zucker**
- **250 ml (1/4 l) Himbeersaft (mit Apfelsaft aufgefüllt)**
- **1 Pck. Tortenguß, rot**

Für die Sahne-Joghurt-Füllung:
- **200 ml Schlagsahne**
- **1 Pck. Sahnesteif**
- **20 g Zucker**
- **75 g Joghurt**

1 Für den Rührteig Butter oder Margarine mit Handrührgerät mit Rührbesen auf höchster Stufe geschmeidig rühren. Nach und nach Zucker, Vanillin-Zucker, ZitronenAroma und Salz unterrühren, so lange rühren, bis eine gebundene Masse entstanden ist. Eigelb nach und nach unterrühren (jedes Eigelb etwa 1/2 Minute).

2 Mehl mit Backpulver mischen, sieben und abwechselnd portionsweise mit Milch auf mittlerer Stufe unterrühren (nur soviel Milch verwenden, daß der Teig schwer-reißend von einem Löffel fällt). Jeweils die Hälfte des Teiges auf einen gefetteten Springformboden (Ø 28 cm) streichen.

3 Für die Baisermasse Eiweiß steif schlagen. Nach und nach Zucker unterschlagen. Jeweils die Hälfte der Masse auf jeden Boden streichen und mit jeweils der Hälfte der Mandeln bestreuen. Jeden Boden mit Springformrand auf dem Rost in den Backofen schieben.

Ober-/Unterhitze: etwa 180 °C (vorgeheizt, untere Einschubleiste)
Heißluft: etwa 160 °C (nicht vorgeheizt)
Gas: etwa Stufe 3 (nicht vorgeheizt)
Backzeit: etwa 20 Min. pro Boden.

4 Die Böden sofort nach dem Backen aus der Form lösen und einzeln auf einem Kuchenrost abkühlen lassen.

5 Für die Himbeerfüllung Himbeeren mit Zucker bestreuen und auftauen lassen. Die Beeren zum Abtropfen auf ein Sieb geben, den Saft dabei auffangen und mit Apfelsaft auf 250 ml ($^{1}/_{4}$ l) ergänzen.

6 Tortenguß mit Saft nach Packungsaufschrift zubereiten, Himbeeren unterrühren und die Masse abkühlen lassen.

7 Für die Sahne-Joghurt-Füllung Sahne mit Sahnsteif und Zukker steif schlagen. Joghurt vorsichtig unterrühren.

8 Einen Boden zunächst mit der Himbeermasse, dann mit der Sahnemasse bestreichen. Mit dem anderen Boden bedecken.

■ **Abwandlung:**
Nach Belieben etwas Himbeergeist unter die Himbeerfüllung rühren.

■ **Tip:**
Anstelle der TK-Himbeeren können Sie auch frische oder Früchte aus der Dose verwenden.

Schmand-Torte

Zubereitungszeit: 35 Min.
Backzeit: etwa 70 Min.

Insgesamt:
E: 55 g, F: 171 g, Kh: 450 g, kJ: 15366, kcal: 3670

Für den Knetteig:
- **175 g Weizenmehl**
- **1 Msp. Backpulver**
- **60 g Zucker**
- **1 Pck. Vanillin-Zucker**
- **1 Ei**
- **100 g Butter oder Margarine**

Für den Belag:
- **1 Pck. Pudding-Pulver Vanille-Geschmack**
- **60 g Zucker**
- **500 ml (1/2 l) Milch**
- **300 g Schmand**
- **2 Dosen Mandarinen (à Abtropfgewicht 175 g)**

Für den Guß:
- **1 Pck. Tortenguß, klar**
- **2 EL Zucker**
- **250 ml (1/4 l) Mandarinensaft**

1 Für den Knetteig Mehl und Backpulver mischen und in eine Rührschüssel sieben. Zucker, Vanillin-Zucker, Ei und Butter oder Margarine hinzufügen. Die Zutaten mit Handrührgerät mit Knethaken zunächst kurz auf niedrigster, dann auf höchster Stufe gut durcharbeiten.

2 Anschließend auf der bemehlten Arbeitsfläche zu einem glatten Teig verkneten, sollte er kleben, ihn eine Zeitlang kalt stellen. 2/3 des Teiges auf einem gefetteten Springformboden (Ø 26 cm) ausrollen und mehrmals mit einer Gabel einstechen. Die Form auf dem Rost in den Backofen schieben.

Ober-/Unterhitze:
200–220 °C (vorgeheizt)
Heißluft: 180–200 °C
(nicht vorgeheizt)
Gas: Stufe 3–4 (vorgeheizt)
Backzeit: etwa 10 Min.

3 Den Boden in der Form auskühlen lassen.

4 Für den Belag aus Pudding-Pulver, Zucker und Milch nach Packungsaufschrift einen Pudding zubereiten und unter gelegentlichem Umrühren etwas abkühlen lassen. Schmand unterrühren.

5 Mandarinen auf einem Sieb abtropfen lassen, dabei den Saft auffangen und 250 ml (1/4 l) abmessen (evtl. mit Wasser ergänzen).

6 Den restlichen Teig zu einer Rolle formen, als Rand auf den Knetteigboden legen und so an die Form drücken, daß ein etwa 3 cm hoher Rand entsteht. Die Puddingcreme in die Form geben und mit Mandarinen belegen. Die Form auf dem Rost in den Backofen schieben.

Ober-/Unterhitze:
etwa 180 °C (vorgeheizt)
Heißluft: etwa 160 °C
(nicht vorgeheizt)
Gas: Stufe 2–3
(nicht vorgeheizt)
Backzeit: etwa 60 Min.

7 Die Torte aus der Form lösen und auf einem Kuchenrost erkalten lassen.

8 Für den Guß aus Tortenguß, Zucker und Mandarinensaft nach Packungsaufschrift einen Guß bereiten, auf dem Gebäck verteilen und fest werden lassen.

Tip:
Anstelle von Schmand kann auch Crème fraîche verwendet werden.

Wickeltorte

Zubereitungszeit: 50 Min.
Backzeit: etwa 22 Min.

Insgesamt:
E: 81 g, F: 375 g, Kh: 569 g, kJ: 25906, kcal: 6192

Für den Knetteig:
- **125 g Weizenmehl**
- **1 Msp. Backpulver**
- **50 g Zucker**
- **1 Pck. Vanillin-Zucker**
- **100 g Butter**

- **280 g Himbeerkonfitüre**

Für den Biskuitteig:
- **4 Eier**
- **3–4 EL heißes Wasser**
- **3 Tropfen Zitronen-Aroma**
- **75 g Zucker**
- **1 Pck. Vanillin-Zucker**
- **75 g Weizenmehl**
- **50 g Speisestärke**
- **1 Msp. Backpulver**

Für die Füllung:
- **800 ml Schlagsahne**
- **3 Pck. Sahnesteif**
- **3 Pck. Vanillin-Zucker**

- **Himbeeren**
- **geröstete Mandelblättchen**

1 Für den Knetteig Mehl und Backpulver mischen und in eine Rührschüssel sieben. Zucker, Vanillin-Zucker, und Butter hinzufügen. Die Zutaten mit Handrührgerät mit Knethaken kurz auf niedrigster, dann auf höchster Stufe gut durcharbeiten.

2 Anschließend auf der bemehlten Arbeitsfläche zu einem glatten Teig verkneten, sollte er kleben, ihn eine Zeitlang kalt stellen. Den Teig auf einem gefetteten Springformboden (Ø 26 cm) ausrollen und mehrmals mit einer Gabel einstechen. Den Springformrand um die Form legen und die Form auf dem Rost in den Backofen schieben.

Ober-/Unterhitze:
etwa 200 °C (vorgeheizt)
Heißluft: etwa 180 °C (nicht vorgeheizt)
Gas: Stufe 3–4 (vorgeheizt)
Backzeit: etwa 10 Min.

3 Den Tortenboden sofort aus der Form lösen und erkalten lassen. Konfitüre durch ein Sieb streichen, 2 Eßlöffel abnehmen und den erkalteten Boden damit bestreichen.

4 Für den Biskuitteig Eier, Wasser und Zitronen-Aroma mit Handrührgerät mit Rührbesen auf höchster Stufe in 1 Minute schaumig schlagen. Zucker mit Vanillin-Zucker mischen, in 1 Minute einstreuen, dann noch etwa 2 Minuten schlagen.

5 Mehl, Speisestärke und Backpulver mischen, auf die Eiercreme sieben und kurz auf niedrigster Stufe unterrühren. Teig auf ein gefettetes, mit Backpapier belegtes Backblech streichen, Papier vor dem Teig zu einer Falte knicken. Backblech sofort in den Backofen schieben.

Ober-/Unterhitze:
etwa 200 °C (vorgeheizt)
Heißluft: –
Gas: Stufe 3–4 (vorgeheizt)
Backzeit: etwa 12 Min.

6 Den Biskuit sofort auf ein mit Zucker bestreutes Geschirrtuch stürzen. Das Backpapier schnell abziehen. Die Platte der Länge nach in 7 Streifen von etwa 4 cm Breite schneiden, mit der restlichen Konfitüre bestreichen (etwas zurücklassen).

7 Sahne mit Sahnesteif und Vanillin-Zucker steif schlagen und 2/3 davon auf die Konfitüre streichen. Den ersten Teigstreifen spiralförmig aufrollen und senkrecht in die Mitte des Knetteigbodens stellen. Die übrigen Streifen quer in Hälften schneiden. Mit den Stücken die Spirale fortsetzen, so daß eine Torte entsteht.

8 Rand und Oberfläche mit Sahne bestreichen und verzieren, mit Konfitüre besprenkeln, mit Himbeeren und Mandeln garnieren.

Schwimmbadtorte

Zubereitungszeit: 45 Min.Backzeit: 60–65 Min.

Insgesamt:
E: 69 g, F: 222 g, Kh: 482 g, kJ: 18154, kcal: 4340

Für den Biskuitteig:
- **2 Eier**
- **2 EL heißes Wasser**
- **80 g Zucker**
- **1 Pck. Vanillin-Zucker**
- **80 g Weizenmehl**
- **½ gestr. TL Backpulver**

Für den Rührteig:
- **50 g Butter, 50 g Zucker**
- **1 Pck. Vanillin-Zucker**
- **2 Eigelb**
- **70 g Weizenmehl**
- **1 Msp. Backpulver**

Für den Belag:
- **2 Eiweiß, 100 g Zucker**
- **50 g abgezogene, gehackte Mandeln**

Für die Füllung:
- **1 Dose Ananasstücke (Abtropfgewicht 255 g)**
- **1 Pck. Pudding-Pulver Vanille-Geschmack**
- **400 ml Ananassaft (mit Apfelsaft ergänzt)**
- **400 ml Schlagsahne**
- **1 Pck. Sahnesteif**
- **1 TL Zucker**

1 Für den Biskuitteig Eier und Wasser mit Handrührgerät mit Rührbesen auf höchster Stufe in 1 Minute schaumig schlagen. Zucker mit Vanillin-Zucker mischen, in 1 Minute einstreuen, dann noch etwa 2 Minuten schlagen.

2 Mehl und Backpulver mischen, auf die Eiercreme sieben und kurz auf niedrigster Stufe unterrühren. Den Teig in eine Springform (Ø 26 cm, Boden gefettet, mit Backpapier belegt) füllen. Die Form sofort auf dem Rost in den Backofen schieben.

Ober-/Unterhitze: etwa 180 °C (vorgeheizt)
Heißluft: –
Gas: Stufe 2–3 (nicht vorgeheizt)
Backzeit: 25–30 Min.

3 Den Boden aus der Form lösen, auf einen Kuchenrost stürzen, das Backpapier abziehen, Boden erkalten lassen.

4 Für den Rührteig Butter mit Handrührgerät mit Rührbesen auf höchster Stufe geschmeidig rühren. Nach und nach Zucker und Vanillin-Zucker unterrühren, so lange rühren, bis eine gebundene Masse entstanden ist. Eigelb nach und nach unterrühren (jedes Eigelb knapp ½ Minute).

5 Mehl mit Backpulver mischen, sieben und portionsweise auf mittlerer Stufe unterrühren. Den Teig in eine Springform (Ø 26 cm, Boden gefettet) füllen.

6 Für den Belag Eiweiß steif schlagen. Zucker nach und nach unterschlagen. Die Masse auf dem Boden verteilen und mit Mandeln bestreuen. Die Form auf dem Rost in den Backofen schieben.

Ober-/Unterhitze: etwa 180 °C (vorgeheizt, untere Einschubleiste)
Heißluft: etwa 160 °C (nicht vorgeheizt)
Gas: Stufe 3–4 (nicht vorgeheizt)
Backzeit: etwa 35 Min.

7 Den Boden aus der Form lösen, sofort in 16 Stücke schneiden, auf einem Kuchenrost erkalten lassen.

8 Für die Füllung Ananas abtropfen lassen, Saft auffangen, mit Apfelsaft auf 400 ml auffüllen. Aus Pudding-Pulver und Saft nach Packungsaufschrift einen Pudding kochen. Ananas unterheben. Puddingmasse auf den Biskuitboden streichen, erkalten lassen.

9 Sahne mit Sahnesteif und Zukker steif schlagen, auf den Pudding streichen, mit dem geschnittenen Rührteigboden bedecken.

Rotweinkuchen

Foto
Zubereitungszeit: 25 Min.
Backzeit: 60–70 Min.

Insgesamt:
E: 91 g, F: 337 g, Kh: 399 g, kJ: 22421, kcal: 5357

- **250 g weiche Butter oder Margarine**
- **125 g Zucker**
- **1 Pck. Vanillin-Zucker**
- **4 Eier**
- **2 EL Rum**
- **250 g Weizenmehl**
- **½ Pck. Backpulver**
- **3 TL Kakaopulver**
- **1 TL gemahlener Zimt**
- **150 g Schokoladenraspel**
- **100 g abgezogene, gehobelte Mandeln**
- **125 ml (⅛ l) Rotwein**

1 Butter mit Handrührgerät mit Rührbesen auf höchster Stufe geschmeidig rühren. Nach und nach Zucker und Vanillin-Zucker unterrühren, so lange rühren, bis eine gebundene Masse entstanden ist. Eier nach und nach unterrühren (jedes Ei etwa ½ Minute). Rum hinzufügen.

2 Mehl mit Backpulver, Kakao und Zimt mischen, sieben und auf mittlerer Stufe portionsweise abwechselnd mit Schokoladenraspeln und Mandeln unterrühren.

3 Rotwein auf mittlerer Stufe unterrühren und den Teig in eine gefettete Kastenform (30 x 11 cm) füllen. Die Form auf dem Rost in den Backofen schieben.

Ober-/Unterhitze: etwa 180 °C (vorgeheizt)
Heißluft: etwa 160 °C (nicht vorgeheizt)
Gas: Stufe 2–3 (nicht vorgeheizt)
Backzeit: 60–70 Min.

4 Den Kuchen aus der Form lösen und auf einem Kuchenrost erkalten lassen.

Eierlikörkuchen

Zubereitungszeit: 15 Min.
Backzeit etwa 60 Min.

Insgesamt:
E: 64 g, F: 296 g, Kh: 575 g, kJ: 24011, kcal: 5733

- **5 Eier**
- **250 g gesiebter Puderzucker**
- **2 Pck. Vanillin-Zucker**
- **250 ml (¼ l) Speiseöl**
- **250 ml (¼ l) Eierlikör**
- **125 g Weizenmehl**
- **125 g Speisestärke**
- **4 gestr. TL Backpulver**
- **40 g gesiebter Puderzucker**

1 Eier, Puderzucker und Vanillin-Zucker mit Handrührgerät mit Rührbesen auf höchster Stufe in 1 Minute schaumig rühren. Öl und Eierlikör unterrühren.

2 Mehl mit Speisestärke und Backpulver mischen, sieben und portionsweise auf mittlerer Stufe unterrühren. Den Teig in eine gefettete, mit Mehl ausgestreute Napfkuchenform (Ø 24 cm) füllen. Die Form sofort auf dem Rost in den Backofen schieben.

Ober-/Unterhitze: etwa 180 °C (vorgeheizt)
Heißluft: –
Gas: Stufe 3–4 (nicht vorgeheizt)
Backzeit: etwa 60 Min.

3 Den Kuchen etwa 10 Minuten in der Form stehen lassen, auf einen Kuchenrost stürzen und erkalten lassen. Den erkalteten Kuchen mit Puderzucker bestäuben.

Ein kleiner Schuß hochprozentiger Flüssigkeit führt hier zum 100%igen Ergebnis.

Torten mit Schwips

Mona-Lila-Torte

Zubereitungszeit: 40 Min.
Backzeit: etwa 60 Min.

Insgesamt:
E: 106 g, F: 555 g, Kh: 609 g, kJ: 35169, kcal: 8504

Für den Rührteig:
- **200 g weiche Butter oder Margarine**
- **150 g Zucker**
- **1 Pck. Vanillin-Zucker**
- **4 Eier**
- **300 g Weizenmehl**
- **4 gestr. TL Backpulver**
- **1 EL Kakaopulver**
- **100 g abgezogene, gemahlene Mandeln**
- **50 g geriebene Schokolade**
- **150 g Kirsch-Alkohol-Pralinen**

Zum Tränken:
- **2 cl Kirschlikör**

Für die Füllung:
- **750–800 ml Schlagsahne**
- **3 Pck. Sahnesteif**
- **14 Kirsch-Alkohol-Pralinen**

1 Für den Rührteig Butter oder Margarine mit Handrührgerät mit Rührbesen auf höchster Stufe geschmeidig rühren. Nach und nach Zucker und Vanillin-Zucker unterrühren, so lange rühren, bis eine gebundene Masse entstanden ist. Eier nach und nach unterrühren (jedes Ei etwa 1/2 Minute).

2 Mehl mit Backpulver und Kakao mischen, sieben und abwechselnd portionsweise mit Mandeln und Schokolade auf mittlerer Stufe unterrühren.

3 Pralinen in einem Topf im Wasserbad schmelzen und unter den Teig rühren. Teig in eine Springform (Ø 28 cm, Boden gefettet, mit Backpapier belegt) füllen, auf dem Rost in den Backofen schieben.

Ober-/Unterhitze: etwa 180 °C (vorgeheizt)
Heißluft: etwa 160 °C (nicht vorgeheizt)
Gas: Stufe 2–3 (nicht vorgeheizt)
Backzeit: etwa 60 Min.

(Fortsetzung Seite 72)

4 Den Boden evtl. nach 45 Minuten mit Alufolie abdecken. Das fertige Gebäck aus der Form lösen, auf einen Kuchenrost stürzen, das Backpapier abziehen und erkalten lassen.

5 Den Boden zweimal waagerecht durchschneiden, den unteren Boden mit Kirschlikör tränken.

6 Für die Füllung Sahne mit Sahnesteif steif schlagen, 1/4 davon auf den unteren Boden streichen, mit dem mittleren Boden bedecken, ihn mit der Hälfte der Sahne bestreichen, den oberen Boden darauflegen.

7 Tortenoberfläche und -rand mit der restlichen Sahne (3 Eßlöffel zum Verzieren zurücklassen) bestreichen.

8 Die zurückgelassene Sahne in einen Spritzbeutel mit Sterntülle füllen und die Torte mit Sahnetuffs verzieren und Pralinen garnieren.

Stricknadeltorte

Zubereitungszeit: 30 Min.
Backzeit: 40–45 Min.

Insgesamt:
E: 92 g, F: 383 g, Kh: 559 g, kJ: 26658, kcal: 6370

Für den Rührteig:
- **250 g weiche Butter oder Margarine**
- **250 g Zucker**
- **1 Pck. Vanillin-Zucker**
- **1/2 Fläschchen Butter-Vanille-Aroma**
- **6 Eier**
- **250 g Weizenmehl**
- **2 1/2 gestr. TL Backpulver**

Zum Tränken:
- **250 ml (1/4 l) kalter Kaffee**
- **3 EL Zucker**
- **2 EL Kakaopulver**
- **1 EL Rum**

Für die Eierlikörsahne:
- **400 ml Schlagsahne**
- **2 Pck. Sahnesteif**
- **2 TL Zucker**
- **5 EL (75 ml) Eierlikör**

- **Kakaopulver**
- **geraspelte Schokolade**

1 Für den Rührteig Butter oder Margarine mit Handrührgerät mit Rührbesen auf höchster Stufe geschmeidig rühren. Nach und nach Zucker, Vanillin-Zucker und Butter-Vanille-Aroma unterrühren, so lange rühren, bis eine gebundene Masse entstanden ist. Eier nach und nach unterrühren (jedes Ei etwa 1/2 Minute).

2 Mehl mit Backpulver mischen, sieben und portionsweise auf mittlerer Stufe unterrühren. Den Teig in eine Springform (Ø 28 cm, Boden gefettet) füllen. Die Form auf dem Rost in den Backofen schieben.

Ober-/Unterhitze:
etwa 180 °C (vorgeheizt)
Heißluft:
etwa 160 °C
(nicht vorgeheizt)
Gas: Stufe 2–3
(nicht vorgeheizt)
Backzeit: 40–45 Min.

3 Den Kuchen sofort nach dem Backen mehrmals mit einer dicken Stricknadel einstechen und erkalten lassen.

4 Zum Tränken Kaffee, Zucker, Kakao und Rum verrühren und in die Löcher gießen. Den Kuchen über Nacht durchziehen lassen.

5 Für die Eierlikörsahne Sahne mit 1 Päckchen Sahnesteif und Zucker steif schlagen. Restliches Sahnesteif mit dem Eierlikör verrühren und unter die Sahne rühren.

6 Eierlikörsahne kurz vor dem Verzehr auf den Kuchen streichen und mit Kakao und Schokolade verzieren.

Tiramisu-Torte

Zubereitungszeit: 45 Min.
Backzeit: etwa 20 Min.

Insgesamt:
E: 73 g, F: 209 g, Kh: 321 g, kJ: 15146, kcal: 3619

Für den Biskuitteig:

- **2 Eier**
- **75 g Zucker**
- **1 Pck. Vanillin-Zucker**
- **1 Prise Salz**
- **75 g Weizenmehl**
- **25 g Speisestärke**
- **1 gestr. TL Backpulver**
- **1 gestr. EL Kakaopulver**

Zum Tränken:

- **100 ml Milch**
- **1 EL Zucker**
- **1 EL Kakaopulver**
- **1/2 Tasse (75 ml) starker schwarzer Kaffee**
- **1 EL Amaretto**

Für die Creme:

- **250 g Mascarpone**
- **125 g Magerquark**
- **50 g Zucker**
- **1 EL Amaretto**
- **250 ml (1/4 l) Schlagsahne**
- **1 Pck. Sahnesteif**

- **100 g Löffelbiskuits**
- **Kakaopulver**

1 Für den Biskuitteig Eier mit Handrührgerät mit Rührbesen auf höchster Stufe in 1 Minute schaumig schlagen. Zucker mit Vanillin-Zucker und Salz mischen, in 1 Minute einstreuen, dann noch etwa 2 Minuten schlagen.

2 Mehl, Speisestärke, Backpulver und Kakao mischen, die Hälfte davon auf die Eiercreme sieben und kurz auf niedrigster Stufe unterrühren. Den Rest des Mehlgemisches auf die gleiche Weise unterarbeiten.

3 Den Teig in eine Springform (Ø etwa 26 cm, Boden gefettet, mit Backpapier belegt) füllen. Die Form sofort auf dem Rost in den Backofen schieben.

Ober-/Unterhitze:
etwa 180 °C (vorgeheizt)
Heißluft: –
Gas: Stufe 2–3
(nicht vorgeheizt)
Backzeit: etwa 20 Min.

4 Den Boden aus der Fom lösen, auf einen Kuchenrost stürzen, das Backpapier abziehen und den Boden erkalten lassen.

5 Zum Tränken Milch und den mit Zucker gemischten Kakao aufkochen lassen. Kaffee und Amaretto unterrühren. Mit der Hälfte der Flüssigkeit den Tortenboden tränken.

6 Für die Creme Mascarpone, Quark, Zucker und Amaretto verrühren. Sahne mit Sahnesteif steif schlagen.

7 Die Hälfte der Creme auf den getränkten Tortenboden streichen und mit Löffelbiskuits belegen. Diese mit der restlichen Flüssigkeit tränken (mit Hilfe eines Pinsels) und mit der restlichen Creme bestreichen.

8 Die Torte kühl stellen. Erst kurz vor dem Servieren mit Kakao bestäuben.

Rotkäppchen-Torte

Zubereitungszeit: 45 Min., ohne Kühlzeit
Backzeit: etwa 30 Min.

Insgesamt:
E: 136 g, F: 363 g, Kh: 589 g, kJ: 26693, kcal: 6377

Für den Rührteig:
- **175 g weiche Butter oder Margarine**
- **150 g Zucker**
- **1 Pck. Vanillin-Zucker**
- **3 Eier**
- **200 g Weizenmehl**
- **2 TL Backpulver**
- **2–3 EL Nuß-Nougat-Creme**

- **1 Glas Sauerkirschen (Abtropfgewicht 370 g)**

Für die Füllung:
- **500 g Magerquark**
- **50 g Zucker**
- **1 Pck. Vanillin-Zucker**
- **500 ml (1/2 l) Schlagsahne**
- **3 Pck. Sahnesteif**

Für den Guß:
- **2 Pck. Tortenguß, rot**
- **50 g Zucker**
- **350 ml Kirschsaft**
- **50 ml Kirschwasser**

- **100 ml Schlagsahne**

1 Für den Rührteig Butter oder Margarine mit Handrührgerät mit Rührbesen auf höchster Stufe geschmeidig rühren. Nach und nach Zucker und Vanillin-Zucker unterrühren, so lange rühren, bis eine gebundene Masse entstanden ist. Eier nach und nach unterrühren (jedes Ei etwa 1/2 Minute).

2 Mehl mit Backpulver mischen, sieben und portionsweise auf mittlerer Stufe unterrühren. Die Hälfte des Teiges in eine Springform (Ø 28 cm, Boden gefettet) füllen, glattstreichen. Unter den restlichen Teig die Nuß-Nougat-Creme rühren und auf den hellen Teig streichen.

3 Sauerkirschen auf einem Sieb abtropfen lassen, dabei den Saft auffangen und 350 ml abmessen (evtl. mit Wasser auffüllen). Die Kirschen auf dem Teig verteilen (einige zum Verzieren zurücklassen). Die Form auf dem Rost in den Backofen schieben.

Ober-/Unterhitze:
etwa 180 °C (vorgeheizt)
Heißluft: etwa 160 °C (nicht vorgeheizt)
Gas: Stufe 2–3 (nicht vorgeheizt)
Backzeit: etwa 30 Min.

4 Den Tortenboden aus der Form lösen und abkühlen lassen.

5 Für die Füllung Quark, Zucker und Vanillin-Zucker verrühren. Sahne mit Sahnesteif steif schlagen und unter den Quark heben. Den Springformrand um den Boden legen, die Quarkmasse darauf verstreichen und die Torte kühl stellen.

6 Für den Guß aus Tortenguß, Zucker, dem abgemessenen Saft und Kirschwasser nach Packungsaufschrift einen Guß bereiten, kurz abkühlen lassen und auf der Quarkmasse verteilen. Die Torte etwa 4 Stunden kühl stellen.

7 Sahne steif schlagen und die Torte mit Sahnetuffs und den zurückgelassenen Kirschen verzieren.

Abwandlung:
Sie können auch den hellen auf den dunklen Teig schichten, erst dann alle Kirschen darauf verteilen und den Boden abbacken. Die Füllung ohne Springformrand auf dem Boden verteilen, den Tortenguß darauf verteilen und dabei zum Teil über den Rand fließen lassen. Die Torte ohne Sahneverzierung servieren.

Tip:
Anstelle der Nuß-Nougat-Creme 2 Eßlöffel Kakaopulver in den Teig geben.

Champagnertorte

Zubereitungszeit: 60 Min., ohne Kühlzeit
Backzeit: 35–45 Min.

Insgesamt:
E: 99 g, F: 281 g, Kh: 616 g, kJ: 23666, kcal: 5655

Für den Knetteig:
- **100 g Weizenmehl**
- **40 g Puderzucker**
- **1 Eigelb**
- **50 g Butter**

Für den Biskuitteig:
- **4 Eier**
- **150 g Zucker**
- **abgeriebene Schale von 1 Zitrone (unbehandelt)**
- **100 g Weizenmehl**
- **100 g Speisestärke**
- **½ gestr. TL Backpulver**
- **50 g zerlassene, abgekühlte Butter**

Für die Füllung:
- **2 EL Himbeergelee**
- **6 Blatt weiße Gelatine**
- **2 Eigelb**
- **50 g Zucker**
- **125 ml (⅛ l) Champagner**
- **abgeriebene Schale und Saft von 1 Zitrone (unbehandelt)**
- **2 Eiweiß**
- **100 ml Schlagsahne**

Zum Garnieren:
- **300 ml Schlagsahne**
- **75 g Baiser**
- **75 g weiße Kuvertüre**
- **100 g frische oder TK-Himbeeren**
- **1 TL gesiebter Puderzucker**

1 Für den Knetteig Mehl und Puderzucker mischen und in eine Rührschüssel sieben. Eigelb und Butter hinzufügen. Die Zutaten mit Handrührgerät mit Knethaken zunächst kurz auf niedrigster, dann auf höchster Stufe gut durcharbeiten.

2 Anschließend auf der bemehlten Arbeitsfläche zu einem glatten Teig verkneten und etwa 30 Minuten kalt stellen.

3 Für den Biskuitteig Eier mit Handrührgerät mit Rührbesen auf höchster Stufe in 1 Minute schaumig schlagen. Zucker mit Zitronenschale mischen, in 1 Minute einstreuen, dann noch etwa 2 Minuten schlagen.

4 Mehl, Speisestärke und Backpulver mischen, die Hälfte davon auf die Eiercreme sieben und kurz auf niedrigster Stufe unterrühren. Den Rest des Mehlgemisches auf die gleiche Weise unterarbeiten. Die Butter unterziehen.

5 Den Teig in eine Springform (Ø 26 cm, Boden gefettet, mit Backpapier belegt) füllen, die Form sofort auf dem Rost in den Backofen schieben.

Ober-/Unterhitze: etwa 180 °C (vorgeheizt)
Heißluft: –
Gas: etwa Stufe 3 (nicht vorgeheizt)
Backzeit: 25–30 Min.

6 Den Biskuitboden aus der Form lösen, auf einen Kuchenrost stürzen, das Backpapier abziehen und den Boden erkalten lassen.

7 Den Knetteig auf einem gefetteten Springformboden (Ø 26 cm) ausrollen und mehrmals mit einer Gabel einstechen, den Rand um den Boden legen, auf dem Rost in den Backofen schieben.

Ober-/Unterhitze: etwa 200 °C (vorgeheizt)
Heißluft: etwa 180 °C (nicht vorgeheizt)
Gas: etwa Stufe 3 (vorgeheizt)
Backzeit: 10–15 Min.

8 Den Knetteigboden sofort nach dem Backen vom Springformboden lösen, aber erst nach dem Erkalten auf eine Platte legen.

9 Für die Füllung Himbeergelee leicht erwärmen, Knetteigboden gleichmäßig

(Fortsetzung Seite 80)

damit bestreichen. Den Biskuitboden einmal waagerecht durchschneiden und den unteren Boden auf den Knetteigboden legen. Einen Tortenring um die Böden legen.

10 Gelatine in kaltem Wasser einweichen. Eigelb und Zucker cremig schlagen, Champagner, Zitronenschale und -saft unterrühren. Gelatine ausdrücken, aufösen und unterrühren.

11 Wenn die Eigelbmasse beginnt dicklich zu werden, Eiweiß und Sahne getrennt steif schlagen und unter die Masse heben. Die Hälfte der Creme auf den Biskuit streichen, den zweiten Boden darauflegen und die restliche Creme daraufstreichen. Die Torte etwa 60 Minuten kalt stellen.

12 Sahne steif schlagen und Tortenoberfläche und -rand damit bestreichen. Kuvertüre mit einem Sparschäler in Späne schneiden und den Tortenrand damit bestreuen (etwas von den Spänen zurücklassen). Baiser zerbröseln und auf der Tortenoberfläche verteilen, die restlichen Kuvertürespäne dazwischen streuen.

13 Himbeeren verlesen (nicht waschen), TK-Himbeeren auf einem Sieb auftauen und abtropfen lassen. Himbeeren auf der Torte verteilen. Die Torte kurz vor dem Servieren mit Puderzucker bestreuen.

Sekt-Charlotte

Zubereitungszeit: 45 Min., ohne Kühlzeit

Insgesamt:
E: 54 g, F: 204 g, Kh: 342 g, kJ: 15484, kcal: 3700

- **300 ml Schlagsahne**
- **300 g Hippenröllchen**
- **30 g Butter oder Margarine**
- **8 Blatt weiße Gelatine**
- **300 g Sahnejoghurt**
- **125 g Zucker**
- **1 Pck. Vanillin-Zucker**
- **250 ml (1/4 l) Sekt**
- **1 Dose Mandarinen (Abtropfgewicht 175 g)**

- **100 ml Schlagsahne**
- **gehackte Pistazienkerne**
- **Marzipanküken**

1 Sahne steif schlagen und 6 Eßlöffel in einen Spritzbeutel mit Sterntülle füllen.

2 Einen Springformrand (Ø 22 cm) auf eine Platte setzen. 200 g Hippenröllchen auf Springformrandhöhe kürzen. Röllchenabschnitte und restliche Röllchen zerbröseln.

3 Butter oder Margarine auflösen, etwas abkühlen lassen und mit den Bröseln verkneten. Die Masse dünn auf die Platte im Springformrand drücken.

4 An den Rand einen Sahnering spritzen, die Röllchen hineinsetzen und etwa 30 Minuten kalt stellen.

5 Gelatine in wenig kaltem Wasser einweichen. Joghurt, Zucker, Vanillin-Zucker und Sekt verrühren. Gelatine ausdrücken, auflösen, unter die Masse rühren, kalt stellen.

6 Mandarinen auf einem Sieb abtropfen lassen. Wenn die Masse anfängt zu gelieren, restliche Sahne und Mandarinen (8 Spalten zum Verzieren zurücklassen) unterheben. Die Masse in die Form füllen und 3 Stunden kalt stellen. Springformrand vorsichtig entfernen.

7 Sahne steif schlagen, in einen Spritzbeutel füllen, die Charlotte damit verzieren und mit Pistazien, zurückgelassenen Mandarinen und Marzipanküken garnieren.

Waldmeistertorte

Zubereitungszeit: 70 Min., ohne Kühlzeit
Backzeit: etwa 30 Min.

Insgesamt:
E: 107 g, F: 342 g, Kh: 578 g, kJ: 25709, kcal: 6142

Für den Biskuitteig:
- **6 Eier**
- **175 g Zucker**
- **1 TL abgeriebene Zitronenschale (unbehandelt) oder 1 Beutel Feine Zitronenschale**
- **150 g Weizenmehl**
- **1 gestr. TL Backpulver**
- **90 g zerlassene, abgekühlte Butter**

Für die Orangencreme:
- **6 Blatt weiße Gelatine**
- **100 g Zucker**
- **250 ml (1/4 l) Orangensaft**
- **Saft von 1 Zitrone**
- **250 ml (1/4 l) Schlagsahne**

Für den Belag:
- **1 Beutel aus 1 Pck. Götterspeise Waldmeister-Geschmack**
- **40 g Zucker**
- **250 ml (1/4 l) Weißwein**
- **250 ml (1/4 l) heller Traubensaft**
- **200 g Marzipan-Rohmasse**
- **250 ml (1/4 l) Schlagsahne**
- **1 Pck. Vanillin-Zucker**

1 Für den Biskuitteig Eier mit Handrührgerät mit Rührbesen auf höchster Stufe in 1 Minute schaumig schlagen. Zucker mit Zitronenschale mischen, in 1 Minute einstreuen, dann noch etwa 2 Minuten schlagen.

2 Mehl und Backpulver mischen, die Hälfte davon auf die Eiercreme sieben und kurz auf niedrigster Stufe unterrühren. Den Rest des Mehlgemisches auf die gleiche Weise unterarbeiten. Die Butter vorsichtig unter den Teig ziehen.

3 Den Teig in eine Springform (Ø 28 cm, Boden gefettet, mit Backpapier belegt) füllen. Die Form sofort auf dem Rost in den Backofen schieben.

Ober-/Unterhitze: etwa 180 °C (vorgeheizt)
Heißluft: –
Gas: Stufe 3–4 (nicht vorgeheizt)
Backzeit: etwa 30 Min.

4 Den Tortenboden aus der Form lösen, auf einen Kuchenrost stürzen, das Backpapier abziehen und den Boden erkalten lassen.

5 Für die Orangencreme Gelatine in kaltem Wasser einweichen. Zucker, Orangen- und Zitronensaft verrühren. Gelatine ausdrücken, auflösen und unterrühren. Wenn die Masse anfängt zu gelieren, Sahne steif schlagen und unterrühren.

6 Den Tortenboden einmal waagerecht durchschneiden, einen Tortenring um den unteren Boden stellen und die Orangencreme auf dem Boden verteilen. Den oberen Boden darauf legen und die Torte etwa 30 Minuten kalt stellen.

7 Für den Belag die Götterspeise mit Zucker nach Packungsaufschrift (aber mit Wein und Traubensaft) zubereiten, gut die Hälfte davon zum Verzieren in eine flache, rechteckige Schale gießen und beides fest werden lassen.

8 Marzipan-Rohmasse verkneten, zu einem Kreis (Ø 28 cm) ausrollen und auf den oberen Biskuitboden legen. Wenn die Götterspeise fest ist, die Hälfte auf dem Marzipan verstreichen. Die Götterspeise aus der flachen Schale in Würfel schneiden.

9 Sahne mit Vanillin-Zucker steif schlagen, in einen Spritzbeutel mit Sterntülle füllen. Tortenring entfernen, Oberfläche mit Sahne verzieren, mit Geleewürfeln garnieren.

Amaretto-Marzipan-Torte

Zubereitungszeit: 60 Min.
Backzeit: 60–65 Min.

Insgesamt:
E: 139 g, F: 619 g, Kh: 717 g,
kJ: 39396, kcal: 9414

Für den Knetteig:
- **100 g Weizenmehl**
- **25 g Zucker**
- **1 Pck. Vanillin-Zucker**
- **1 Prise Salz**
- **1 TL Amaretto**
- **65 g Butter oder Margarine**

Für den Rührteig:
- **200 g Butter oder Margarine**
- **150 g Marzipan-Rohmasse**
- **200 g Zucker**
- **1 Pck. Vanillin-Zucker**
- **5 Tropfen Bittermandel-Aroma**
- **4 Eier**
- **1 Eigelb**
- **200 g Weizenmehl**
- **1 1/2 gestr. TL Backpulver**

Für die Makronen:
- **50 g Marzipan-Rohmasse**
- **50 g Zucker**
- **etwa 1/2 Eiweiß**

Für die Füllung:
- **4 Blatt weiße Gelatine**
- **750–800 ml Schlagsahne**
- **50 g Zucker**
- **50–75 ml Amaretto**
- **100 g abgezogene, gemahlene, leicht geröstete Mandeln**

Zum Bestreichen:
- **2 EL Aprikosenkonfitüre**

1 Für den Knetteig Mehl in eine Rührschüssel sieben. Zucker, Vanillin-Zucker, Salz, Amaretto und Butter oder Margarine hinzufügen. Die Zutaten mit Handrührgerät mit Knethaken zunächst kurz auf niedrigster, dann auf höchster Stufe gut durcharbeiten.

2 Anschließend auf der bemehlten Arbeitsfläche zu einem glatten Teig verkneten, sollte er kleben, ihn eine Zeitlang kalt stellen. Den Teig auf einem gefetteten Springformboden (Ø 26 cm) ausrollen und mehrmals mit einer Gabel einstechen. Den Springformrand um den Boden legen. Die Form auf dem Rost in den Backofen schieben.

Ober-/Unterhitze: 170–200 °C (vorgeheizt)
Heißluft: 150–180 °C (nicht vorgeheizt)
Gas: Stufe 3–4 (vorgeheizt)
Backzeit: etwa 15 Min.

3 Den Boden sofort nach dem Backen vom Springformboden lösen, aber erst nach dem Erkalten auf eine Platte legen.

4 Für den Rührteig Butter oder Margarine und Marzipan-Rohmasse mit Handrührgerät mit Rührbesen auf höchster Stufe geschmeidig rühren. Nach und nach Zucker, Vanillin-Zucker und Bittermandel-Aroma unterrühren, so lange rühren, bis eine gebundene Masse entstanden ist. Eier und Eigelb nach und nach unterrühren (jedes Ei etwa ½ Minute).

5 Mehl mit Backpulver mischen, sieben und portionsweise auf mittlerer Stufe unterrühren. Den Teig in eine Springform (Ø 26 cm, Boden gefettet, mit Backpapier belegt) füllen und glattstreichen.

Die Form auf dem Rost in den Backofen schieben.

Ober-/Unterhitze:
170–200 °C (vorgeheizt)
Heißluft:
150–180 °C
(nicht vorgeheizt)
Gas: Stufe 3–4
(nicht vorgeheizt)
Backzeit: etwa 30 Min.

6 Den Boden aus der Form lösen, auf einen mit Backpapier belegten Kuchenrost stürzen, Backpapier abziehen, Boden erkalten lassen. Den erkalteten Boden zweimal waagerecht durchschneiden.

7 Für die Makronen Marzipan-Rohmasse und Zukker in einer Schüssel zu einer einheitlichen Masse verarbeiten. Soviel Eiweiß unterarbeiten, daß eine spritzfähig Masse entsteht. Aus der Marzipanmasse mit Hilfe eines Spritzbeutels mit kleiner Lochtülle kleine Punkte (Ø 1 cm) auf ein mit Backpapier belegtes Backblech spritzen. Das Backblech in den Backofen schieben.

Ober-/Unterhitze:
130–150 °C (vorgeheizt)
Heißluft: 120–140 °C
(nicht vorgeheizt)
Gas: Stufe 1–2
(nicht vorgeheizt)
Backzeit: 15–20 Min.

8 Die Makronen vom Backpapier lösen und erkalten lassen.

9 Für die Füllung Gelatine nach Packungsaufschrift einweichen. Sahne mit Zucker fast steif schlagen. Gelatine ausdrücken, auflösen, unterrühren, Sahne vollkommen steif schlagen. Amaretto kurz unterrühren. 75 g Mandeln unter die Hälfte der Sahnemasse rühren.

10 Den Knetteigboden mit Konfitüre bestreichen, den unteren Rührteigboden darauflegen, mit 3 Eßlöffeln Mandelsahne bestreichen, mit dem mittleren Boden bedecken, ebenfalls mit 3 Eßlöffeln Mandelsahne bestreichen und mit dem oberen Boden bedecken.

11 Tortenoberfläche und -rand mit der restlichen Sahnemasse bestreichen und verzieren. Die Torte mit den restlichen Mandeln und den Makronen garnieren.

■ Tip:
Anstelle der gebackenen Makronen gekaufte Amarettini verwenden.

Cappuccino-Kirsch-Torte

Zubereitungszeit: 50 Min.
Backzeit: etwa 25 Min.

Insgesamt:
E: 126 g, F: 192 g, Kh: 546 g,
kJ: 19538, kcal: 4665

Für den Rührteig:
- **125 g weiche Butter oder Margarine**
- **100 g Zucker**
- **1 Pck. Vanillin-Zucker**
- **1 Prise Salz**
- **2 Eier**
- **200 g Weizenmehl**
- **50 g Speisestärke**
- **2 gestr. TL Backpulver**
- **20 g Kakaopulver**
- **4 EL Milch**

- **3 EL Mandellikör**

Für das Kompott:
- **500 g Süßkirschen**
- **250 ml (1/4 l) Kirschsaft**
- **25 g Speisestärke**
- **2 EL Zucker**
- **1/2 Zimtstange**
- **Schale von 1 Zitrone (unbehandelt)**

Für die Quarkcreme:
- **4 Blatt weiße Gelatine**
- **500 g Magerquark**
- **60 g Zucker**
- **2 Pck. Vanillin-Zucker**
- **200 ml Schlagsahne**
- **2 Portionsbeutel (5 EL) Instant-Cappuccino-Pulver**

- **Kakaopulver**

1 Für den Rührteig Butter oder Margarine mit Handrührgerät mit Rührbesen auf höchster Stufe geschmeidig rühren. Nach und nach Zucker, Vanillin-Zucker und Salz unterrühren, so lange rühren, bis eine gebundene Masse entstanden ist. Eier nach und nach unterrühren (jedes Ei etwa 1/2 Minute).

2 Mehl mit Speisestärke, Backpulver und Kakao mischen, sieben und abwechselnd portionsweise mit Milch auf mittlerer Stufe unterrühren. Den Teig in eine Springform (Ø 26 oder 28 cm, Boden gefettet, mit Backpapier belegt) füllen und glattstreichen. Die Form auf dem Rost in den Backofen schieben.

Ober-/Unterhitze:
etwa 180 °C (vorgeheizt)
Heißluft: etwa 160 °C
(nicht vorgeheizt)
Gas: Stufe 2–3
(nicht vorgeheizt)
Backzeit: etwa 25 Min.

3 Den Boden aus der Form lösen und auf einem Kuchenrost erkalten lassen. Um den erkalteten Tortenboden einen Tortenring legen und mit Mandellikör beträufeln.

4 Für das Kompott Kirschen waschen, entstielen und entsteinen. Speisestärke mit 4 Eßlöffeln von dem Kirschsaft anrühren. Den restlichen Saft mit Zucker, Zimtstange und Zitronenschale aufkochen. Speisestärke einrühren und nochmals aufkochen lassen. Zimtstange und Zitronenschale entfernen. Die Kirschen unterrühren, kurz erhitzen. Die Masse auf dem Tortenboden verteilen und abkühlen lassen.

5 Für die Quarkcreme Gelatine in wenig kaltem Wasser einweichen. Quark, Zucker und Vanillin-Zucker glattrühren. Gelatine ausdrücken, auflösen und unter den Quark rühren.

6 Sahne mit Cappuccino-Pulver verrühren, steif schlagen und unter die Quarkmasse heben. Die Masse auf das erkaltete Kompott streichen und die Torte kalt stellen. Die Torte vor dem Servieren dick mit Kakao bestäuben.

Tip:
Anstelle des selbst hergestellten Kompotts können Sie auch 1 Glas Kirschen mit Saft (Füllmenge 680 g) mit 25 g Speisestärke binden und mit etwas gemahlenem Zimt abschmecken.

Mandeltorte Venezia

Zubereitungszeit: 40 Min.
Backzeit: etwa 35 Min.

Insgesamt:
E: 133 g, F: 398 g, Kh: 486 g, kJ: 26556, kcal: 6346

Für den Rührteig:
- **150 g weiche Butter oder Margarine**
- **150 g Zucker**
- **4 Eier**
- **150 g Weizenmehl**
- **2 gestr. TL Backpulver**
- **1 Pck. Pudding-Pulver Vanille-Geschmack**
- **125 ml (1/8 l) Milch**
- **200 g abgezogene, gemahlene Mandeln**

Für die Füllung:
- **5 Blatt weiße Gelatine**
- **3 Eier**
- **75 g Zucker**
- **2 Pck. Vanillin-Zucker**
- **50 ml Amaretto**
- **250–400 ml Schlagsahne**

Zum Garnieren:
- **125 g Vollmilch-Waffelblättchen**

1 Für den Rührteig Butter oder Margarine mit Handrührgerät mit Rührbesen auf höchster Stufe geschmeidig rühren. Nach und nach Zucker unterrühren, so lange rühren, bis eine gebundene Masse entstanden ist. Eier nach und nach unterrühren (jedes Ei etwa 1/2 Minute).

2 Mehl mit Backpulver mischen, sieben und portionsweise auf mittlerer Stufe unterrühren. Pudding-Pulver mit der Milch anrühren und unter den Teig rühren. Die Mandeln unterrühren.

3 Einen Backrand (25 x 25 cm) auf ein mit Backpapier belegtes Backblech stellen. Den Teig einfüllen und glattstreichen. Das Backblech in den Backofen schieben.

Ober-/Unterhitze:
etwa 180 °C (vorgeheizt)
Heißluft: etwa 160 °C (nicht vorgeheizt)
Gas: Stufe 2–3 (nicht vorgeheizt)
Backzeit: etwa 35 Min.

4 Den Tortenboden aus dem Backrand lösen, das Backpapier abziehen und das Gebäck auf einem Kuchenrost erkalten lassen.

5 Für die Füllung die Gelatine in wenig kaltem Wasser einweichen. Eier schaumig schlagen und Zucker und Vanillin-Zucker so lange unterrühren, bis sich der Zucker gelöst hat. Amaretto unterrühren.

6 Die Gelatine ausdrücken, auflösen und unter die Amarettomasse rühren. Wenn die Masse anfängt zu gelieren, Sahne steif schlagen und unterheben.

7 Den Tortenboden einmal waagerecht durchschneiden. 1/3 der Creme auf den unteren Boden streichen, den oberen Boden darauflegen und mit der restlichen Creme bestreichen.

8 Die Waffelblättchen im Schachbrettmuster auf die Tortenoberfläche legen.

Tip:
Für die Füllung nur absolut frische Eier verwenden.

Rauhreif-Torte

Zubereitungszeit: 60 Min., ohne Kühlzeit
Backzeit: etwa 25 Min.

Insgesamt:
E: 75 g, F: 360 g, Kh: 373 g, kJ: 22656, kcal: 5414

Für den Biskuitteig:
- **2 Eier**
- **2 EL heißes Wasser**
- **100 g Zucker**
- **1 Pck. Vanillin-Zucker**
- **100 g Weizenmehl**
- **25 g Speisestärke**
- **1 gestr. TL Backpulver**
- **10 g Kakaopulver**
- **15 g Kokosraspel**

Für die Füllung:
- **1 Pck. Gelatine gemahlen, weiß**
- **4 EL kaltes Wasser**
- **3 Eigelb**
- **50 g Zucker**
- **7 EL Rum**
- **100 g Butter**
- **600 ml Schlagsahne**
- **17 Löffelbiskuits**

Zum Garnieren:
- **4 Löffelbiskuits**
- **70 g Kokosraspel**
- **30 g gesiebter Puderzucker**
- **30 g Löffelbiskuits**

1 Für den Biskuitteig Eier und Wasser mit Handrührgerät mit Rührbesen auf höchster Stufe in 1 Minute schaumig schlagen. Zucker mit Vanillin-Zucker mischen, in 1 Minute einstreuen, dann noch etwa 2 Minuten schlagen.

2 Mehl, Speisestärke, Backpulver und Kakao mischen, die Hälfte davon auf die Eiercreme sieben und kurz auf niedrigster Stufe unterrühren. Den Rest des Mehlgemisches auf die gleiche Weise unterarbeiten. Kokosraspel unterheben.

3 Den Teig in eine Springform (Ø 26 cm, Boden gefettet, mit Backpapier belegt) füllen und die Form auf dem Rost in den Backofen schieben.

Ober-/Unterhitze:
etwa 180 °C (vorgeheizt)
Heißluft: –
Gas: etwa Stufe 3 (nicht vorgeheizt)
Backzeit:
etwa 25 Min.

4 Den Boden aus der Form lösen, auf einen Kuchenrost stürzen, das Backpapier abziehen und den Boden erkalten lassen. Ihn einmal waagerecht durchschneiden.

5 Für die Füllung Gelatine mit Wasser in einem kleinen Topf anrühren und 10 Minuten zum Quellen stehen lassen.

6 Eigelb und Zucker mit Handrührgerät mit Rührbesen etwa 3 Minuten schaumig rühren. 5 Eßlöffel Rum unterrühren. Butter geschmeidig rühren und die Eigelbmasse unterrühren. Gelatine unter Rühren erwärmen, bis sie gelöst ist und unter die Eigelbmasse rühren.

7 Sahne steif schlagen. 2 Eßlöffel zum Verzieren davon abnehmen, die restliche Sahne unter die Eigelbmasse heben.

8 Den unteren Biskuitboden auf eine Tortenplatte legen, einen Tortenring darumstellen. Die Hälfte der Creme einfüllen, glattstreichen und mit den Löffelbiskuits belegen. Die Löffelbiskuits mit dem restlichen Rum tränken, die restliche Creme darauf verteilen und mit dem oberen Boden bedecken.
Die Torte etwa 6 Stunden kalt stellen. Den Tortenring mit Hilfe eines Messers lösen.

9 Löffelbiskuits zerbröseln, mit Kokosraspeln und zurückgelassener Sahne verkneten, Schneemann und Schneebälle formen, in Kokosraspeln und Puderzucker wälzen.

10 Tortenoberfläche mit Kokosraspeln und Puderzukker bestreuen, den Rand mit Löffelbiskuits garnieren. Torte mit Schneemann und Schneebällen garnieren.

Tip:
Für die Füllung nur absolut frische Eier verwenden.

Apfel-Wein-Torte

Zubereitungszeit: 45 Min., ohne Kühlzeit
Backzeit: 50–60 Min.

Insgesamt:
E: 49 g, F: 210 g, Kh: 552 g, kJ: 19506, kcal: 4658

Für den Knetteig:
- **225 g Weizenmehl**
- **1 gestr. TL Backpulver**
- **75 g Zucker**
- **1 Pck. Vanillin-Zucker**
- **1 Prise Salz**
- **1 Ei**
- **75 g weiche Butter**

Für die Füllung:
- **1 kg Äpfel**
- **2 Pck. Pudding-Pulver Vanille-Geschmack**
- **100 g Zucker**
- **2 Pck. Vanillin-Zucker**
- **375 ml (3/8 l) Weißwein**
- **375 ml (3/8 l) klarer Apfelsaft**

Zum Verzieren und Garnieren:
- **400 ml Schlagsahne**
- **2 Pck. Sahnesteif**
- **2 Pck. Vanillin-Zucker**
- **gehackte Pistazienkerne**

1 Für den Knetteig Mehl und Backpulver mischen und in eine Rührschüssel sieben. Zucker, Vanillin-Zucker, Salz, Ei und Butter hinzufügen. Die Zutaten mit Handrührgerät mit Knethaken zunächst kurz auf niedrigster, dann auf höchster Stufe gut durcharbeiten.

2 Anschließend auf der bemehlten Arbeitsfläche zu einem glatten Teig verkneten und etwa 1 Stunde kalt stellen.

3 Zwei Drittel des Teiges auf einem gefetteten Springformboden (Ø 26 cm) ausrollen. Den restlichen Teig zu einer Rolle formen, als Rand auf den Boden legen und so an die Form drücken, daß ein 3 cm hoher Rand entsteht.

4 Für die Füllung Äpfel schälen, vierteln, entkernen und in Würfel schneiden. Aus Pudding-Pulver, Zucker, Vanillin-Zucker, Wein und Apfelsaft nach Packungsaufschrift einen Pudding zubereiten. Die Apfelwürfel sofort unterrühren und die Masse auf den Teig geben. Die Form auf dem Rost in den Backofen schieben.

Ober-/Unterhitze: etwa 170 °C (vorgeheizt)
Heißluft: etwa 150 °C (nicht vorgeheizt)
Gas: etwa Stufe 3 (nicht vorgeheizt)
Backzeit: 50–60 Min.

5 Die Torte in der Form auf einen Kuchenrost stellen, etwa 15 Minuten abkühlen lassen, den Springformrand lösen und abnehmen. Den Kuchen 3–4 Stunden kalt stellen.

6 Sahne mit Sahnesteif und Vanillin-Zucker steif schlagen, in einen Spritzbeutel mit gezackter Tülle füllen und den Tortenrand damit verzieren. Torte mit Pistazienkernen garnieren.

Abwandlung:
Den Pudding anstelle der Weißwein-Apfelsaft-Mischung mit 750 ml (3/4 l) Apfelsaft kochen.

Batida-de-Coco-Torte

Zubereitungszeit: 60 Min.
Backzeit: etwa 40 Min.

Insgesamt:
E: 72 g, F: 321 g, Kh: 577 g, kJ: 23960, kcal: 5727

Für den Biskuitteig:
- **3 Eier**
- **3 EL heißes Wasser**
- **150 g Zucker**
- **1 Pck. Vanillin-Zucker**
- **100 g Weizenmehl**
- **30 g Speisestärke**
- **1 Msp. Backpulver**

Für den Knetteig:
- **100 g Weizenmehl**
- **50 g Zucker**
- **1 Prise Salz**
- **70 g Butter**
- **2 EL Aprikosenkonfitüre**

Für die Füllung:
- **250 ml (1/4 l) Schlagsahne**
- **1/2 Dose (100 g) Kokosnußcreme**
- **4 EL Batida de Coco**
- **2 große Bananen**

Zum Bestreichen:
- **250 ml (1/4 l) Schlagsahne**
- **1 Pck. Sahnesteif**
- **1 EL Zucker**

Zum Garnieren:
- **100 g Kokosraspel**
- **Borkenschokolade**
- **1 Kiwi**
- **blaue Zuckerstreusel**

1 Für den Biskuitteig Eier und Wasser mit Handrührgerät mit Rührbesen auf höchster Stufe in 1 Minute schaumig schlagen. Zucker mit Vanillin-Zucker mischen, in 1 Minute einstreuen, dann noch etwa 2 Minuten schlagen.

2 Mehl, Speisestärke und Backpulver mischen, die Hälfte davon auf die Eiercreme sieben und kurz auf niedrigster Stufe unterrühren. Den Rest des Mehlgemisches auf die gleiche Weise unterarbeiten.

3 Den Teig in eine Springform (Ø 26 cm, Boden gefettet, mit Backpapier belegt) füllen. Die Form sofort auf dem Rost in den Backofen schieben.

Ober-/Unterhitze:
etwa 180 °C (vorgeheizt)
Heißluft: –
Gas: Stufe 2–3
(nicht vorgeheizt)
Backzeit: etwa 30 Min.

4 Den Boden aus der Form lösen, auf einen Kuchenrost stürzen, das Backpapier entfernen und den Boden erkalten lassen. Ihn dann einmal waagerecht durchschneiden.

5 Für den Knetteig Mehl in eine Rührschüssel sieben. Zucker, Salz und Butter hinzufügen. Die Zutaten mit Handrührgerät mit Knethaken zunächst kurz auf niedrigster, dann auf höchster Stufe gut durcharbeiten.

6 Anschließend auf der bemehlten Arbeitsfläche zu einem glatten Teig verkneten, sollte er kleben, ihn eine Zeitlang kalt stellen. Den Teig auf einem gefetteten Springformboden (Ø 26 cm) ausrollen und mehrmals mit einer Gabel einstechen. Den Springformrand um den Boden legen. Die Form auf dem Rost in den Backofen schieben.

Ober-/Unterhitze:
etwa 220 °C (vorgeheizt)
Heißluft:
etwa 200 °C
(nicht vorgeheizt)
Gas: Stufe 3–4 (vorgeheizt)
Backzeit: etwa 10 Min.

7 Den Boden aus der Form lösen, auf einem Kuchenrost erkalten lassen. Mit Konfitüre bestreichen.

8 Für die Füllung die Sahne steif schlagen. Kokosnußcreme gut durchrühren und unter die Sahne rühren. Den unteren Biskuitboden auf den Knetteigboden legen, mit 2 Eßlöffeln Batida de Coco tränken und mit der Hälfte der Kokos-Sahne-Masse bestreichen.

(Fortsetzung Seite 96)

9 Bananen schälen, in Scheiben schneiden, auf der Sahnemasse verteilen. Die restliche Sahnemasse darauf streichen. Den oberen Biskuitboden darauflegen, mit dem restlichen Batida de Coco tränken.

10 Sahne mit Sahnesteif und Zucker steif schlagen, Tortenoberfläche und -rand damit bestreichen.

11 Kokosraspel in einer Pfanne ohne Fett leicht bräunen. Die Torte nach Belieben wie eine Insel dekorieren: die Insel selbst besteht aus Kokosraspeln, die Palmenstämme aus Borkenschokolade, die Palmenblätter aus passend geschnittenen Kiwis, das Wasser aus blauen Zuckerstreuseln. Den Tortenrand mit den restlichen Kokosraspeln bestreuen.

Eierlikörtorte

Zubereitungszeit: 40 Min.
Backzeit: etwa 60 Min.

Insgesamt:
E: 98 g, F: 400 g, Kh: 242 g, kJ: 22732, kcal: 5432

Für den Rührteig:

- **80 g weiche Butter oder Margarine**
- **80 g Zucker**
- **1 Pck. Vanillin-Zucker**
- **4 Eigelb**
- **200 g abgezogene, gemahlene Mandeln**
- **1 TL Backpulver**
- **100 g geraspelte Mokka- oder Zartbitterschokolade**
- **2 EL Eierlikör**
- **4 Eiweiß**

Für den Belag:

- **500 ml (1/2 l) Schlagsahne**
- **2 Pck. Sahnesteif**
- **1 Pck. Vanillin-Zucker**
- **125 ml (1/8 l) Eierlikör**
- **geraspelte Schokolade**

1 Für den Rührteig Butter oder Margarine mit Handrührgerät mit Rührbesen auf höchster Stufe geschmeidig rühren. Nach und nach Zucker und Vanillin-Zucker unterrühren, so lange rühren, bis eine gebundene Masse entstanden ist. Eigelb nach und nach unterrühren (jedes Eigelb etwa 1/2 Minute).

2 Mandeln mit Backpulver und Schokolade mischen und abwechselnd portionsweise auf mittlerer Stufe mit Eierlikör unterrühren. Eiweiß steif schlagen und vorsichtig unterziehen.

3 Den Teig in eine Springform (Ø 26 cm, Boden gefettet, mit Backpapier belegt) füllen. Die Form auf dem Rost in den Backofen schieben.

Ober-/Unterhitze:
etwa 180 °C (vorgeheizt)
Heißluft: etwa 160 °C
(nicht vorgeheizt)
Gas: Stufe 2–3
(nicht vorgeheizt)
Backzeit: etwa 60 Min.

4 Den Boden aus der Form lösen und auf einem Kuchenrost erkalten lassen.

5 Für den Belag Sahne mit Sahnesteif und Vanillin-Zucker steif schlagen. 2/3 davon auf den Boden geben und glattstreichen, die restliche Sahne in einen Spritzbeutel mit Sterntülle füllen und Sahnetuffs auf den Rand der Tortenoberfläche spritzen.

6 Den Eierlikör auf die Tortenmitte geben und vorsichtig verteilen. Die Torte mit geraspelter Schokolade bestreuen.

Tip:
Der Kuchen wird saftiger, wenn Sie 5–6 Eßlöffel Preiselbeeren (aus dem Glas) auf den Tortenboden streichen.

Baileys-Torte

Zubereitungszeit: 45 Min.
Backzeit: etwa 35 Min.

Insgesamt:
E: 96 g, F: 354 g, Kh: 400 g, kJ: 24023 , kcal: 5739

Für den Biskuitteig:
- **4 Eier**
- **150 g Zucker**
- **1 Pck. Vanillin-Zucker**
- **100 g Weizenmehl**
- **1 gestr. TL Backpulver**
- **150 g gemahlene Haselnußkerne**
- **50 g geriebene Zartbitterschokolade**

Für die Füllung:
- **1 Pck. Gelatine gemahlen, weiß**
- **4 EL kaltes Wasser**
- **200 ml Baileys (Whisky Likör)**
- **600 ml Schlagsahne**
- **20 g Zucker**
- **1 Pck. Vanillin-Zucker**

- **50–75 ml Baileys**
- **50 g gehackte, geröstete Haselnußkerne**

1 Für den Biskuitteig Eier mit Handrührgerät mit Rührbesen auf höchster Stufe in 1 Minute schaumig schlagen. Zucker mit Vanillin-Zucker mischen, in 1 Minute einstreuen, dann noch etwa 2 Minuten schlagen.

2 Mehl und Backpulver mischen, die Hälfte davon auf die Eiercreme sieben und kurz auf niedrigster Stufe unterrühren. Den Rest des Mehlgemisches auf die gleiche Weise unterarbeiten. Nüsse und Schokolade unterheben.

3 Den Teig in eine Springform (Ø 26 cm, Boden gefettet, mit Backpapier belegt) füllen. Die Form sofort auf dem Rost in den Backofen schieben.

Ober-/Unterhitze:
etwa 180 °C (vorgeheizt)
Heißluft: –
Gas: Stufe 2–3
(nicht vorgeheizt)
Backzeit: etwa 35 Min.

4 Den Boden aus der Form lösen, auf einen Kuchenrost stürzen, das Backpapier abziehen und den Boden erkalten lassen. Ihn dann zweimal waagerecht durchschneiden.

5 Für die Füllung Gelatine mit Wasser in einem kleinen Topf anrühren und 10 Minuten zum Quellen stehen lassen. Unter Rühren erwärmen, bis sie gelöst ist und mit dem Likör verrühren.

6 Sahne mit Zucker und Vanillin-Zucker steif schlagen und unter die Gelatinemischung heben. ⅓ der Creme auf den unteren Boden streichen und mit dem mittleren Boden bedecken. Diesen mit Likör tränken, mit ⅓ der Creme bestreichen und mit dem oberen Boden bedecken.

7 Tortenrand und -oberfläche mit der restlichen Creme bestreichen. Den Tortenrand mit Nüssen bestreuen und die Oberfläche damit garnieren.

Fruchtiges Gebirge

Zubereitungszeit: 35 Min.
Backzeit: 20–30 Min.

Insgesamt:
E: 75 g, F: 310 g, Kh: 353 g,
kJ: 19919, kcal: 4760

Für den Brandteig:
- **250 ml (1/4 l) Wasser**
- **50 g Butter oder Margarine**
- **150 g Weizenmehl**
- **30 g Speisestärke**
- **5–6 Eier**
- **2 Msp. Backpulver**

Für den Belag:
- **1 Glas Sauerkirschen (Abtropfgewicht 370 g)**
- **250 ml (1/4 l) Sauerkirschsaft**
- **30 g Speisestärke**
- **2 EL Kirschwasser**
- **30 g Zucker**
- **750 ml (3/4 l) Schlagsahne**
- **3 Pck. Sahnesteif**
- **2 Pck. Bourbon Vanille-Zucker**
- **etwa 30 g Zucker**

Zum Bestäuben:
- **1 TL Kakaopulver**

1 Für den Brandteig Wasser und Butter oder Margarine am besten in einem Stieltopf zum Kochen bringen.

2 Mehl und Speisestärke mischen, sieben, auf einmal in die von der Kochstelle genommene Flüssigkeit schütten, zu einem glatten Kloß rühren und unter Rühren etwa 1 Minute erhitzen.

3 Den heißen Kloß sofort in eine Schüssel geben, nach und nach die Eier mit Handrührgerät mit Knethaken auf höchster Stufe unterarbeiten. Eine weitere Eizugabe erübrigt sich, wenn der Teig stark glänzt und so von einem Löffel abreißt, daß lange Spitzen hängenbleiben.

4 Backpulver in den erkalteten Teig arbeiten. Den Teig auf ein gefettetes, mit Mehl bestäubtes Backblech (38 x 28 cm) streichen. Das Backblech in den Backofen schieben.

Ober-/Unterhitze: etwa 220 °C (vorgeheizt)
Heißluft: etwa 180 °C (nicht vorgeheizt)
Gas: etwa Stufe 4 (nicht vorgeheizt)
Backzeit: 20–30 Min.

5 Das Gebäck sofort nach dem Backen vom Backblech lösen und auf einem Kuchenrost erkalten lassen.

6 Für den Belag Sauerkirschen auf einem Sieb abtropfen lassen, den Saft dabei auffangen und 250 ml (1/4 l) abmessen. Den Saft in einem Topf zum Kochen bringen und mit der mit etwas von dem Saft angerührten Speisestärke binden. Kirschen hineingeben und erhitzen. Kirschwasser unterrühren, die Kirschmasse mit Zucker abschmecken und etwa 30 Minuten kalt stellen.

7 Sahne mit Sahnesteif, Bourbon-Vanille-Zucker und Zucker steif schlagen, in »Häufchen« auf dem Brandteigboden verteilen und mit einem Messer etwas glätten. Die Sauerkirschmasse in die Zwischenräume verteilen. Die Sahne mit Kakao bestäuben.

Tip:
Dieses fruchtige Brandteiggebirge ist eine „Blechvariante" der traditionellen Windbeutel.

Creme-Nougat-Torte

Zubereitungszeit: 45 Min., ohne Kühlzeit
Backzeit: 40–60 Min.

Insgesamt:
E: 113 g, F: 552 g, Kh: 455 g, kJ: 31790, kcal: 7597

Für den Biskuitteig:
- **4 Eigelb**
- **200 g erwärmtes Nuß-Nougat**
- **1 Pck. Vanillin-Zucker**
- **5 Tropfen Butter-Vanille-Aroma**
- **4 Eiweiß**
- **80 g Weizenmehl**
- **1 gestr. TL Backpulver**
- **80 g gemahlene Haselnußkerne**
- **80 g Löffelbiskuits**
- **150 ml Schlagsahne**

Für die Füllung:
- **150 ml Schlagsahne**
- **300 g weiße Kuvertüre**
- **250 g weiche Butter**
- **4 EL Himbeergeist**
- **4 EL Wildpreiselbeer-Dessert (aus dem Glas)**

- **aufgelöste, geschabte Kuvertüre**

1 Für den Biskuitteig Eigelb, Nuß-Nougat, Vanillin-Zucker und Butter-Vanille-Aroma mit Handrührgerät mit Rührbesen auf höchster Stufe cremig rühren. Eiweiß steif schlagen und unterheben.

2 Mehl und Backpulver mischen, sieben und zusammen mit Haselnüssen und fein zerbröselten Löffelbiskuits auf niedrigster Stufe unterrühren. Sahne steif schlagen und unterheben.

3 Aus dem Teig 4 Böden backen. Dazu jeweils 1/4 des Teiges in eine Springform (Ø 26 cm, Boden gefettet, mit Backpapier belegt) füllen und glattstreichen. Die Form sofort auf dem Rost in den Backofen schieben.

Ober-/Unterhitze:
etwa 180 °C (vorgeheizt)
Heißluft: –
Gas: Stufe 3–4 (vorgeheizt)
Backzeit: 10–15 Min. pro Boden.

4 Die Böden stürzen, das Backpapier abziehen und die Böden einzeln auf einem Kuchenrost erkalten lassen.

5 Für die Füllung Sahne zum Kochen bringen. Kuvertüre hacken und in der von der Kochstelle genommenen Sahne unter Rühren auflösen. Die Masse in eine Rührschlüssel geben, mit Klarsichtfolie zudecken und erkalten lassen (am besten über Nacht).

6 Die Masse mit Handrührgerät mit Rührbesen etwa 3 Minuten aufschlagen. Nach und nach Butter unterrühren. Mit Himbeergeist abschmecken.

7 Einen der Böden mit Wildpreiselbeer-Dessert bestreichen und mit dem zweiten Boden belegen. Diesen mit 4 Eßlöffeln der Creme bestreichen, mit dem dritten Boden belegen, wieder bestreichen und mit dem vierten Boden belegen.

8 Tortenoberfläche und -rand ebenfalls mit Creme bestreichen. Den Tortenrand mit Hilfe eines Tortenkammes verzieren. Die Torte mit geschabter Kuvertüre garnieren.

Tips:
Die Torte kann schon 2–3 Tage vor dem Verzehr zubereitet werden. Vor dem Servieren einige Zeit bei Zimmertemperatur stehen lassen. Anstelle der geschabten Kuvertüre Borkenschokolade auf der Oberfläche verteilen (sieht besonders gut aus, wenn man Vollmilch- und Zartbitterborke zusammen verwendet)

Bounty-Torte

Zubereitungszeit: 40 Min.Backzeit: 40–45 Min.

Insgesamt:
E: 86 g, F: 438 g, Kh: 686 g, kJ: 30573, kcal: 7322

Für den Rührteig:
- **175 g weiche Butter oder Margarine**
- **150 g Zucker**
- **1 Pck. Vanillin-Zucker**
- **3 Eier**
- **300 g Weizenmehl**
- **2 TL Backpulver**
- **20–25 Riegel Bounty (à 30 g)**

Zum Tränken:
- **4 EL Eierlikör**

Für die Verzierung:
- **400–500 ml Schlagsahne**
- **3 Pck. Sahnesteif**
- **4 EL Zucker**
- **2 Pck. Vanillin-Zucker**
- **250 g Schmand**

- **etwa 5 Riegel Bounty (à 30 g)**

1 Für den Rührteig Butter oder Margarine mit Handrührgerät mit Rührbesen auf höchster Stufe geschmeidig rühren. Nach und nach Zucker und Vanillin-Zucker unterrühren, so lange rühren, bis eine gebundene Masse entstanden ist. Eier nach und nach unterrühren (jedes Ei etwa $\frac{1}{2}$ Minute).

2 Mehl mit Backpulver mischen, sieben und portionsweise auf mittlerer Stufe unterrühren. $\frac{2}{3}$ des Teiges in eine Springform (Ø 28 cm, Boden gefettet) füllen. Die Bounty-Riegel kranzförmig auf dem Teig verteilen und den Rest des Teiges darauf geben. Die Form auf dem Rost in den Backofen schieben.

Ober-/Unterhitze: etwa 180 °C (vorgeheizt)
Heißluft: etwa 160 °C (nicht vorgeheizt)
Gas: Stufe 3–4 (nicht vorgeheizt)
Backzeit: 40–45 Min.

3 Den Springformrand lösen und das Gebäck auf einem Kuchenrost erkalten lassen. Das kalte Gebäck mit Eierlikör tränken.

4 Für die Verzierung die Sahne mit Sahnesteif, Zucker und Vanillin-Zucker steif schlagen. Den Schmand unterrühren und die Masse in einen Spritzbeutel füllen. Die Tortenoberfläche damit verzieren und die Torte einige Zeit kalt stellen.

5 Die Torte vor dem Servieren mit geschnittenen Bounty-Riegeln garnieren.

Abwandlung:
Anstelle des Eierlikörs Batida de Coco oder weißen Rum verwenden.

Tip:
Sie können auch Tortenoberfläche und -rand mit einem Teil der Sahne-Schmand-Masse bestreichen und die Oberfläche mit der restlichen Masse und den Bountys verzieren.

Birnen-Cappuccino-Torte

Zubereitungszeit: 45 Min., ohne Kühlzeit
Backzeit: etwa 15 Min.

Insgesamt:
E: 58 g, F: 169 g, Kh: 481 g, kJ: 16222, kcal: 3876

Für den Knetteig:
- **250 g Weizenmehl**
- **60 g Zucker**
- **125 g Butter oder Margarine**
- **1 Ei**

Für den Belag:
- **600 g Birnen**
- **3 EL Zitronensaft**
- **125 ml (1/8 l) Weißwein**
- **125 ml (1/8 l) Wasser**
- **40 g Zucker**

Für den Guß:
- **1 Pck. Tortenguß, klar**
- **25 g Zucker**
- **250 ml (1/4 l) Birnenkochflüssigkeit**

Für die Creme:
- **1 Pck. Dr. Oetker Mousse au Cappuccino**
- **200 ml Milch**
- **100 ml Schlagsahne**

Zum Garnieren:
- **6 Babybirnen (aus dem Glas)**
- **30 g geraspelte Schokolade**
- **Schokoladenblätter**

1 Für den Knetteig Mehl in eine Rührschüssel sieben. Zucker, Butter oder Margarine und Ei hinzufügen. Die Zutaten mit Handrührgerät mit Knethaken zunächst kurz auf niedrigster, dann auf höchster Stufe gut durcharbeiten. Anschließend auf der Arbeitsfläche zu einem glatten Teig verkneten. Den Teig in Frischhaltefolie gewickelt etwa 60 Minuten kalt stellen.

2 Den Teig auf einer bemehlten Arbeitsfläche zu einem Kreis (Ø etwa 28 cm) ausrollen, in eine gefettete Tarteform mit gewelltem Rand (Ø 24 cm) legen und mehrmals mit einer Gabel einstechen. Die Form auf dem Rost in den Backofen schieben.

Ober-/Unterhitze:
etwa 200 °C (vorgeheizt)
Heißluft:
etwa 180 °C (nicht vorgeheizt)
Gas: etwa Stufe 3 (vorgeheizt)
Backzeit: etwa 15 Min.

3 Den Boden in der Form erkalten lassen.

4 Für den Belag Birnen schälen, vierteln, entkernen, längs in Spalten schneiden und mit dem Zitronensaft beträufeln.

5 Wein, Wasser und Zucker aufkochen und die Birnen darin bei mittlerer Hitze etwa 5 Minuten ziehen lassen. Die Birnen herausnehmen, abtropfen lassen und auf den Tortenboden legen.

6 Für den Guß aus Tortenguß, Zucker und Birnenkochflüssigkeit (evtl. mit Wasser auf 250 ml auffüllen) nach Packungsaufschrift einen Guß bereiten und über die Birnen geben. Die Torte 30 Minuten kalt stellen.

7 Für die Creme Cappuccino-Mousse mit Milch und Sahne nach Packungsaufschrift zubereiten und auf die Birnen streichen. Die Torte etwa 30 Minuten kalt stellen.

8 Die Torte mit Babybirnen, Schokolade und Schokoladenblättern garniert servieren.

Tip:
Statt der frischen Birnen können Sie auch eine große Dose (Einwaage 460 g) abgetropfte Birnen verwenden. Die aufgefangene Flüssigkeit benötigen Sie für den Guß.

Gloria-Torte

Zubereitungszeit: 50 Min.
Backzeit: 10–15 Min.

Insgesamt:
E: 84 g, F: 304 g, Kh: 497 g, kJ: 22076, kcal: 5276

Für den Biskuitteig:
- **4 Eier**
- **4 EL heißes Wasser**
- **200 g Zucker**
- **1 Pck. Vanillin-Zucker**
- **200 g Weizenmehl**
- **1 TL Backpulver**

Für die Füllung:
- **4 Blatt weiße Gelatine**
- **750 ml (3/4 l) Schlagsahne**
- **50 g Zucker**
- **2 Pck. Vanillin-Zucker**
- **2 TL Instant-Kaffeepulver**
- **2 EL Rum**
- **100 g Zartbitter-Schokoladenraspel**
- **1 EL Kakaopulver**

Zum Verzieren:
- **20 g Zartbitter-kuvertüre**

Tip:
Die Biskuitplatte vor dem Bestreichen mit der Sahnemasse zusätzlich mit 2 Eßlöffeln Preiselbeer- oder Aprikosenkonfitüre bestreichen.

1 Für den Biskuitteig Eier und Wasser mit Handrührgerät mit Rührbesen auf höchster Stufe in 1 Minute schaumig schlagen. Zucker mit Vanillin-Zucker mischen, in 1 Minute einstreuen, dann noch etwa 2 Minuten schlagen.

2 Mehl und Backpulver mischen, die Hälfte davon auf die Eiercreme sieben und kurz auf niedrigster Stufe unterrühren. Den Rest des Mehlgemisches auf die gleiche Weise unterarbeiten.

3 Den Teig auf ein gefettetes, mit Backpapier belegtes Backblech streichen, das Papier vor dem Teig zur Falte knicken. Das Backblech sofort in den Backofen schieben.

Ober-/Unterhitze:
etwa 220 °C (vorgeheizt)
Heißluft: –
Gas: Stufe 3–4 (vorgeheizt)
Backzeit: 10–15 Min.

4 Die Biskuitplatte auf ein mit Zucker bestreutes Stück Backpapier stürzen, das mitgebackene Backpapier abziehen und die Platte erkalten lassen. Sie dann der Länge nach in etwa 5 cm breite Streifen schneiden.

5 Für die Füllung Gelatine in kaltem Wasser einweichen. Sahne mit Zucker und Vanillin-Zucker steif schlagen. Das Kaffeepulver im Rum auflösen, mit Schokoladenraspeln und Kakao unter die Sahne heben.

6 Die Gelatine ausdrücken, auflösen und unter die Sahnemasse rühren. 2/3 der Masse auf die Biskuitstreifen streichen. Einen Streifen zu einer Schnecke formen und in die Mitte einer Tortenplatte setzen. Die nächsten Streifen anschließen, bis die Torte gleichmäßig rund ist.

7 Tortenoberfläche und -rand mit der restlichen Sahnemasse bestreichen. Die Kuvertüre mit einem Messer oder Sparschäler auf die Oberfläche schaben.

Abwandlung:
Biskuitstreifen auf einem Knetteigboden zu einer Torte formen. Dazu 150 g Weizenmehl, 75 g Zucker, 1 Pck. Vanillin-Zucker und 100 g Butter zu einem Knetteig verarbeiten und in einer Springform (Ø 26 cm, Boden gefettet) bei etwa 200 °C (Heißluft 180 °C, Gas etwa Stufe 4) 10–15 Minuten backen. Den Boden mit etwas Konfitüre oder aufgelöster Schokolade bestreichen.

Apfel-Amaretto-Torte

Zubereitungszeit: 50 Min.
Backzeit: etwa 45 Min.

Insgesamt:
E: 98 g, F: 330 g, Kh: 488 g, kJ: 23826, kcal: 5692

Für den Rührteig:
- **100 g weiche Butter**
- **100 g Zucker**
- **1 Pck. Vanillin-Zucker**
- **2 Eier**
- **150 g Weizenmehl**
- **1 gestr. TL Backpulver**
- **1 TL gemahlener Zimt**
- **2–3 EL Rum**

Für den Belag:
- **2 Äpfel (etwa 400 g, z. B. Boskop oder Cox Orange)**

Für die Baisermasse:
- **4 Eiweiß**
- **1 Prise Salz**
- **200 g gesiebter Puderzucker**
- **200 g abgezogene, gemahlene Mandeln**
- **2 TL gemahlener Zimt**
- **2 EL Amaretto**

Zum Bestreichen:
- **400 ml Schlagsahne**
- **2 Pck. Sahnesteif**

- **gemahlener Zimt**

1 Für den Rührteig Butter mit Handrührgerät mit Rührbesen auf höchster Stufe geschmeidig rühren. Nach und nach Zucker und Vanillin-Zucker unterrühren, so lange rühren, bis eine gebundene Masse entstanden ist. Eier nach und nach unterrühren (jedes Ei etwa ½ Minute).

2 Mehl mit Backpulver und Zimt mischen, sieben und abwechselnd portionsweise mit Rum auf mittlerer Stufe unterrühren. Den Teig in eine Springform (Ø 26 cm, Boden gefettet, mit abgezogenen, gemahlenen Mandeln bestreut) füllen und glattstreichen.

3 Für den Belag Äpfel schälen, vierteln, entkernen und den Teig damit belegen.

4 Für die Baisermasse Eiweiß mit Salz sehr steif schlagen, den Puderzucker unter weiterem Schlagen einstreuen und so lange rühren, bis er sich gelöst hat. Es muß eine glänzende, schnittfeste Baisermasse entstehen.

5 Mandeln, Zimt und Amaretto vorsichtig unterheben. Die Baisermasse auf die Äpfel geben und glattstreichen. Die Form auf dem Rost in den Backofen schieben.

Ober-/Unterhitze:
etwa 180 °C (vorgeheizt)
Heißluft:
etwa 160 °C
(nicht vorgeheizt)
Gas: Stufe 2–3
(nicht vorgeheizt)
Backzeit: etwa 45 Min.

6 Die Torte evtl. nach gut der Hälfte der Backzeit mit Alufolie abdecken. Das fertige Gebäck aus der Form lösen und auf einem Kuchenrost erkalten lassen.

7 Sahne mit Sahnesteif steif schlagen, den Tortenrand dünn damit bestreichen, die restliche Sahne auf die Oberfläche streichen und mit einem Eßlöffel leichte Vertiefungen eindrücken. Die Torte kühl stellen und kurz vor dem Servieren mit Zimt bestäuben.

Tip:
Die Torte nach Belieben mit Zuckerperlen in unterschiedlicher Größe garnieren.

Malagatorte

Zubereitungszeit: 60 Min.
Backzeit: 90–105 Min.

Insgesamt:
E: 99 g, F: 374 g, Kh: 430 g, kJ: 24430, kcal: 5834

Für den Biskuitteig:
- **2 Eier**
- **3 Eigelb**
- **150 g Zucker**
- **1 Pck. Vanillin-Zucker**
- **5 Tropfen Butter-Vanille-Aroma**
- **70 g Weizenmehl**
- **1 Msp. Backpulver**
- **150 g nicht abgezogene, gemahlene Mandeln**

Für die Baisermasse:
- **2 Eiweiß**
- **75 g Zucker**
- **50 g nicht abgezogene, gemahlene Mandeln**

Für die Malagacreme:
- **1 Pck. Pudding-Pulver Vanille-Geschmack**
- **40 g Zucker**
- **375 ml (3/8 l) Milch**
- **250 g Butter**
- **100 ml Malaga (spanischer Dessertwein)**

- **50 g fein geriebene Zartbitterschokolade**
- **gesiebter Puderzucker**

1 Für den Biskuitteig Eier und Eigelb mit Handrührgerät mit Rührbesen auf höchster Stufe in 1 Minute schaumig schlagen.

2 Zucker mit Vanillin-Zucker mischen, in 1 Minute einstreuen, dann noch etwa 2 Minuten schlagen. Butter-Vanille-Aroma unterrühren.

3 Mehl und Backpulver mischen, die Hälfte davon auf die Eiercreme sieben und kurz auf niedrigster Stufe unterrühren. Den Rest des Mehlgemisches auf die gleiche Weise unterarbeiten. Zuletzt Mandeln vorsichtig unterrühren.

4 Den Teig in eine Springform (Ø 26 cm, Boden gefettet, mit Backpapier belegt) füllen. Die Form sofort auf dem Rost in den Backofen schieben.

Ober-/Unterhitze: etwa 180 °C (vorgeheizt)
Heißluft: –
Gas: etwa Stufe 3 (nicht vorgeheizt)
Backzeit: 25–30 Min.

5 Den Tortenboden aus der Form lösen, auf einen mit Backpapier belegten Kuchenrost stürzen, das Backpapier abziehen, den Boden erkalten lassen und ein mal waagerecht durch schneiden.

6 Für die Baisermasse ein Backblech mit Backpapier belegen und einen Kreis (Ø 24 cm) aufzeichnen. Eiweiß steif schlagen, Zucker unterschlagen. 1/3 der Baisermasse in einen Spritzbeutel mit kleiner Lochtülle füllen und damit Dreiecke auf das Backpapier (außerhalb des Kreises) spritzen.

7 Unter die übrige Masse Mandeln rühren, in den Spritzbeutel füllen und den Kreis damit ausspritzen. Das Backblech in den Backofen schieben. Die Backofentür während des Backens einen Spalt geöffnet halten.

Ober-/Unterhitze: etwa 130 °C (vorgeheizt)
Heißluft: etwa 110 °C (nicht vorgeheizt)
Gas: etwa Stufe 2 (nicht vorgeheizt)
Backzeit: 65–75 Min.

8 Boden und Dreiecke nach dem Backen lösen und erkalten lassen.

9 Für die Malagacreme aus Pudding-Pulver, Zucker und Milch nach Packungsaufschrift einen Pudding bereiten, in eine Schüssel geben, mit Klarsichtfolie abdecken und erkalten lassen.

10 Butter geschmeidig rühren und nach und nach unter den Pudding rühren. Zuletzt eßlöffelweise Malaga unterrühren.

11 Den unteren Biskuitboden mit 3 Eßlöffeln der Creme bestreichen, mit dem Baiserboden belegen, wieder mit 3 Eßlöffeln Creme bestreichen und mit dem oberen Biskuitboden bedecken. Tortenrand und -oberfläche mit der restlichen Creme bestreichen und mit Schokolade bestreuen.

12 Die Torte kurz vor dem Verzehr mit den mit Puderzucker bestäubten Baiserdreiecken garnieren.

■ **Abwandlung:**
Anstelle des selbstgemachten Baisers etwa 150 g Löffelbiskuits auf der Creme verteilen und mit 100 ml Malaga oder Orangensaft tränken. Die Torte mit Sahnetuffs verzieren.

■ **Tip:**
Anstelle des selbstgemachten Baisers 4 gekaufte Baiserschalen zerbröseln, 2/3 davon anstelle des Baiserbodens zwischen der Creme verteilen und die restlichen Brösel kurz vor dem Servieren auf die Torte streuen.

Rügener Welle

Zubereitungszeit: 50 Min., ohne Kühlzeit
Backzeit: 60-75 Min.

Insgesamt:
E: 53 g, F: 209 g, Kh: 389 g, kJ: 16259, kcal: 3883

Für den Brandteig:
- **200 ml Wasser**
- **65 g Butter**
- **1 Prise Salz**
- **120 g Weizenmehl**
- **30 g Speisestärke**
- **3–4 Eier**

Für die Kirschgrütze:
- **je 1 Glas entsteinte Sauer- und Süßkirschen (Abtropfgewicht à 370 g)**
- **30 g Speisestärke**
- **20 g Zucker**
- **1 Pck. Bourbon Vanille-Zucker**
- **50 ml Kirschlikör**
- **etwa 20 g Zucker**

Für die Mohnsahne:
- **400 ml Schlagsahne**
- **1 Pck. Sahnesteif**
- **1 EL gesiebter Puderzucker**
- **1 Pck. Bourbon Vanille-Zucker**
- **2 EL frisch gemahlener Mohn**

1 Für den Brandteig Wasser, Butter und Salz in einem Stieltopf zum Kochen bringen.

2 Mehl mit Speisestärke mischen, sieben, auf einmal in die von der Kochstelle genommene Flüssigkeit schütten, zu einem glatten Kloß rühren und unter Rühren etwa 1 Minute erhitzen.

3 Den heißen Kloß sofort in eine Schüssel geben und nach und nach die Eier mit Handrührgerät mit Knethaken auf höchster Stufe unterarbeiten. Eine weitere Eizugabe erübrigt sich, wenn der Teig stark glänzt und so von einem Löffel abreißt, daß lange Spitzen hängenbleiben.

4 Aus dem Teig zunächst 2 Böden backen. Dazu ein Backblech mit Backpapier belegen und einen Kreis (Ø 24 cm) vorzeichnen. Den Kreis mit 1/3 des Teiges mit Hilfe eines nassen Eßlöffels ausstreichen. Das Backblech in den Backofen schieben.

Ober-/Unterhitze: 200–220 °C (vorgeheizt)
Heißluft: etwa 180 °C (nicht vorgeheizt)
Gas: Stufe 4–5 (nicht vorgeheizt)
Backzeit: 20–25 Min.

5 Während der ersten 15 Minuten Backofentür nicht öffnen. Den fertigen Boden vom Backpapier lösen, auf einem Kuchenrost erkalten lassen. Den zweiten Boden auf dieselbe Weise backen.

6 Den restlichen Teig in einen Spritzbeutel mit kleiner Lochtülle füllen und in Form von Wellen auf das mit Backpapier belegte Backblech spritzen. Die Wellen wie die Böden backen, vom Backpapier lösen und erkalten lassen.

7 Für die Kirschgrütze Kirschen auf ein Sieb geben und abtropfen lassen. Dabei den Saft auffangen und 300 ml abmessen. Saft mit Speisestärke, Zucker und Bourbon-Vanille-Zucker in einem Topf verrühren und unter Rühren kurz aufkochen lassen. Kirschen und Kirschlikör unterrühren. Grütze mit Zucker abschmecken und erkalten lassen.

8 Für die Mohnsahne Sahne mit Sahnesteif steif schlagen. Puderzucker, Vanille-Zukker und Mohn unterheben.

9 Einen der Böden mit der Hälfte der Kirschgrütze bestreichen. Darauf die Hälfte der Mohnsahne verteilen. Den zweiten Boden darauf legen, mit der restlichen Kirschgrütze und der restlichen Mohnsahne bestreichen. Mit den »Wellen« belegen.

Himmel-und-Hölle-Torte

Zubereitungszeit: 60 Min.
Backzeit: etwa 40 Min.

Insgesamt:
E: 78 g, F: 309 g, Kh: 704 g, kJ: 26192, kcal: 6258

Für den Knetteig:
- **125 g Weizenmehl**
- **1 Msp. Backpulver**
- **50 g Zucker**
- **1 Pck. Vanillin-Zucker**
- **5 Tropfen Zitronen-Aroma**
- **1 Prise Salz, 1 kl. Ei**
- **75 g Butter**

Für den Biskuitteig:
- **3 Eier, 100 g Zucker**
- **1 Pck. Vanillin-Zucker**
- **100 g Weizenmehl**
- **25 g Speisestärke**
- **1 gestr. TL Backpulver**

Für Füllung I:
- **1 Glas Sauerkirschen (Abtropfgewicht 370 g)**
- **370 ml Kirschsaft**
- **1 Pck. Pudding-Pulver Vanille-Geschmack**
- **30 g Zucker**
- **2 cl Kirschlikör**

Für Füllung II:
- **500 ml (½ l) Schlagsahne**
- **1 Pck. Aranca Aprikose-Maracuja-Geschmack**
- **200 ml heller Sekt**
- **125 ml (⅛ l) Schlagsahne**
- **1 TL Sahnesteif**
- **1 TL Zucker**
- **75 g geraspelte, weiße Schokolade**
- **100 g rotes Gelee**

1 Für den Knetteig Mehl und Backpulver mischen und in eine Rührschüssel sieben. Zucker, Vanillin-Zucker, Zitronen-Aroma, Salz, Ei und Butter hinzufügen.

2 Die Zutaten mit Handrührgerät mit Knethaken zunächst kurz auf niedrigster, dann auf höchster Stufe gut durcharbeiten, anschließend auf der Arbeitsfläche zu einem glatten Teig verkneten. Sollte er kleben, ihn eine Zeitlang kalt stellen.

3 Den Teig auf dem gefetteten Boden einer Springform (Ø 28 cm) ausrollen und mehrmals mit einer Gabel einstechen. Den Springformrand um den Boden legen und die Form auf dem Rost in den Backofen schieben.

Ober-/Unterhitze:
200–220 °C (vorgeheizt)
Heißluft: 180–200 °C
(nicht vorgeheizt)
Gas: Stufe 3–4 (vorgeheizt)
Backzeit: etwa 15 Min.

4 Den Boden sofort vom Springformboden lösen, aber erst nach dem Erkalten herunternehmen.

5 Für den Biskuitteig Eier mit Handrührgerät mit Rührbesen auf höchster Stufe in 1 Minute schaumig schlagen. Zucker mit Vanillin-Zucker mischen, in 1 Minute einstreuen, dann noch etwa 2 Minuten schlagen.

6 Mehl, Speisestärke und Backpulver mischen, die Hälfte davon auf die Eiercreme sieben und kurz auf niedrigster Stufe unterrühren. Den Rest des Mehlgemisches auf die gleiche Weise unterarbeiten.

7 Den Teig in eine Springform (Ø etwa 28 cm, Boden gefettet, mit Backpapier belegt) füllen. Die Form sofort auf dem Rost in den Backofen schieben.

Ober-/Unterhitze:
etwa 180 °C (vorgeheizt)
Heißluft: –
Gas: Stufe 2–3
(nicht vorgeheizt)
Backzeit: etwa 25 Min.

8 Den Boden sofort aus der Form lösen, auf einen Kuchenrost stürzen, das Backpapier abziehen,den Boden erkalten lassen und einmal waagerecht durchschneiden.

9 Für Füllung I Sauerkirschen auf einem Sieb abtropfen lassen. Den Saft da

(Fortsetzung Seite 118)

beiauffangen, mit Wasser auf 370 ml ergänzen. Pudding-Pulver und Zucker mit Kirschsaft anrühren, unter Rühren kurz aufkochen lassen. Kirschen und Kirschlikör unterrühren.

10 Einen Tortenring um den Knetteigboden stellen. Die Hälfte der Kirschmasse darauf verteilen. Den unteren Biskuitboden auflegen, die restliche Kirschmasse darauf verteilen und erkalten lassen.

11 Für Füllung II Sahne steif schlagen. Aranca nach Pakkungsaufschrift (aber mit Sekt anstelle von Wasser) schaumig schlagen. Das Aroma aus der beiliegenden Kapsel und die Sahne gleichmäßig unter die Arancamasse rühren.

12 Die Hälfte der Creme auf den mit der Kirschmasse bestrichenen Boden geben, verstreichen und mit dem oberen Biskuitboden bedecken. Den Boden mit der restlichen Creme bestreichen. Die Torte 3 Stunden kalt stellen. Den Tortenring entfernen.

13 Sahne mit Sahnesteif und Zucker steif schlagen. Den Tortenrand mit Sahne bestreichen und mit Schokolade bestreuen.

14 Gelee glattrühren, in einen kleinen Gefrierbeutel füllen. Eine kleine Ecke abschneiden und die Tortenoberfläche mit dem Gelee verzieren.

Traubentorte Weinberg

Zubereitungszeit: 45 Min. , ohne Kühlzeit

Insgesamt:
E: 51 g, F: 239 g, Kh: 567 g, kJ: 20370, kcal: 4862

Für den Tortenboden:
- **100 g Butter**
- **200 g Zucker**
- **150 g Cornflakes**
- **50 g abgezogene, gehobelte Mandeln**
- **200 ml Schlagsahne**

Für den Belag:
- **2 EL Apfelgelee**
- **1 Pck. Weißwein-Creme**
- **125 ml ((1/8 l) Schlagsahne**
- **500 g helle Weintrauben**
- **etwas Zucker**

1 Für den Tortenboden eine Springform (Ø 28 cm) mit Alufolie auslegen (blanke Seite nach innen), dabei einen 2 cm hohen Rand hochziehen. Die Folie mit etwas Butter einfetten.

2 Die Butter in einem Topf zerlassen, den Zucker zugeben und unter Rühren erhitzen, bis er gelöst ist und leicht zu bräunen beginnt.

3 Cornflakes und Mandeln unterrühren, von der Kochstelle nehmen, unter Rühren nach und nach die Sahne zugießen. Alles wieder erhitzen, bis die Masse dicklich wird. Die Masse in die Springform geben, mit einem nassen Löffel gleichmäßig am Springformboden und -rand andrükken und fest werden lassen.

4 Für den Belag Apfelgelee glattrühren und auf den Boden streichen. Weißwein-Creme mit Sahne nach Packungsaufschrift zubereiten, in die Form füllen und glattstreichen.

5 Weintrauben waschen, noch feucht in Zucker wälzen und in die Creme drücken. Die Torte etwa 1 Stunde kalt stellen.

Tip:
Ist der Boden nicht kroß genug, ihn vor dem Belegen kurz bei etwa 220 °C (Heißluft: etwa 200 °C, Gas: etwa Stufe 4) im Backofen aufbacken.

Kuchen-versuchungen

Mit peppigen neuen Rezepten treten wir den Beweis an, daß Kuchen keinesfalls trocken sein müssen.

Coca-Cola-Kuchen*

Zubereitungszeit: 40 Min.
Backzeit: 25–30 Min.

Insgesamt:
E: 48 g, F: 212 g, Kh: 750 g, kJ: 21654, kcal: 5171

Für den All-in-Teig:
- **150 g Weizenmehl**
- **1 gestr. TL Backpulver**
- **200 g Zucker**
- **100 g weiche Butter oder Margarine**
- **2 EL Kakaopulver**
- **75 ml Coca-Cola**
- **75 ml Buttermilch**
- **2 Eier**
- **1/2 Fläschchen Butter-Vanille-Aroma**

Für den Guß:
- **50 g Butter**
- **1 1/2 EL Kakaopulver**
- **100 ml Coca-Cola**
- **400 g gesiebter Puderzucker**

- **100 g Pecannußkerne**

1 Für den All-in-Teig Mehl und Backpulver mischen, in eine Rührschüssel sieben, übrige Zutaten dazugeben und in 2 Minuten mit Handrührgerät mit Rührbesen zu einem glatten Teig verarbeiten.

2 Einen Backrand (20 x 20 cm) auf ein mit Backpapier belegtes Backblech stellen, den Teig hineingeben und glattstreichen. Das Backblech in den Backofen schieben.

Ober-/Unterhitze:
etwa 180 °C (vorgeheizt)
Heißluft: etwa 160 °C
(nicht vorgeheizt)
Gas: etwa Stufe 3
(nicht vorgeheizt)
Backzeit: 25–30 Min.

3 Backrand und -papier entfernen, Kuchen auf einen Kuchenrost legen, sofort den Guß zubereiten.

4 Für den Guß Butter, Kakao und Coca-Cola zum Kochen bringen, kurz einkochen lassen, den Topf von der Kochstelle nehmen. Puderzucker unterrühren.

5 Den heißen Guß auf den warmen Kuchen geben und mit gehackten Pecannüssen bestreuen.

*Rezept nicht durch Coca-Cola autorisiert.

Bounty-Kuchen

Foto
Zubereitungszeit: 25 Min.
Backzeit: etwa 60 Min.

Insgesamt:
E: 100 g, F: 386 g, Kh: 626 g, kJ: 27510, kcal: 6581

Für den Rührteig:
- **250 g weiche Butter oder Margarine**
- **200 g Zucker**
- **1 Pck. Vanillin-Zucker**
- **1 Prise Salz**
- **5 Eier**
- **375 g Weizenmehl**
- **3 gestr. TL Backpulver**
- **6 EL Milch**

Für die Füllung:
- **10 Riegel Bounty**

Für den Guß:
- **100 g Zartbitter-schokolade**
- **20 g Kokosfett**
- **75–100 g Kokosraspel**

1 Für den Rührteig Butter oder Margarine mit Handrührgerät mit Rührbesen auf höchster Stufe geschmeidig rühren. Nach und nach Zucker, Vanillin-Zucker und Salz unterrühren, so lange rühren, bis eine gebundene Masse entstanden ist. Eier nach und nach unterrühren (jedes Ei etwa 1/2 Minute).

2 Mehl mit Backpulver mischen, sieben und abwechselnd portionsweise mit Milch auf mittlerer Stufe unterrühren. Die Hälfte des Teiges in eine gefettete, mit Back-papier ausgelegte Kastenform (35 x 11 cm) füllen.

3 Für die Füllung die Bounty darauf verteilen und mit dem restlichen Teig bestreichen. Die Form auf dem Rost in den Backofen schieben.

Ober-/Unterhitze:
etwa 180 °C (vorgeheizt)
Heißluft: etwa 160 °C
(nicht vorgeheizt)
Gas: etwa Stufe 3
(nicht vorgeheizt)
Backzeit: etwa 60 Min.

4 Kuchen aus der Form nehmen, Backpapier abziehen und den Kuchen auf einem Kuchenrost erkalten lassen.

5 Für den Guß Schokolade mit Kokosfett in einem Topf im Wasserbad zu geschmeidiger Masse verrühren, den Kuchen überziehen und mit Kokosraspeln bestreuen.

Tip:
Nach Belieben zusätzlich den Saft von 2 Orangen (etwa 200 ml) unter den Teig rühren.

Erfrischungskuchen

Zubereitungszeit: 25 Min.
Backzeit: etwa 45 Min.

Insgesamt:
E: 41 g, F: 145 g, Kh: 358 g, kJ: 12457, kcal: 2976

Für den Rührteig:
- **150 g weiche Butter oder Margarine**
- **150 g Zucker**
- **1 Pck. Vanillin-Zucker**
- **1 Prise Salz**
- **abgeriebene Schale von 1/2 Orange (unbehandelt)**
- **3 Eier**
- **150 g Weizenmehl**
- **1 gestr. TL Backpulver**

Zum Tränken:
- **125 ml (1/8 l) frisch gepreßter Orangensaft**
- **etwas abgeriebene Orangen- und Zitronenschale (unbehandelt)**
- **75 g Zucker**

Zum Bestäuben:
- **Puderzucker**

1 Für den Rührteig Butter oder Margarine mit Handrührgerät mit Rührbesen auf höchster Stufe geschmeidig rühren, nach und nach Zucker, Vanillin-Zucker, Salz und Orangenschale unterrühren, so lange rühren, bis eine gebundene Masse entstanden ist. Eier nach und nach unterrühren (jedes Ei etwa 1/2 Minute).

2 Mehl mit Backpulver mischen, sieben und portionsweise auf mittlerer Stufe unterrühren. Den Teig in eine gefettete Rehrückenform (30 x 11 cm) füllen. Die Form auf dem Rost in den Backofen schieben.

Ober-/Unterhitze:
etwa 180 °C (vorgeheizt)
Heißluft: etwa 160 °C (nicht vorgeheizt)
Gas: Stufe 2–3 (nicht vorgeheizt)
Backzeit: etwa 45 Min.

3 Orangensaft mit Orangen- und Zitronenschale und Zucker verrühren. Den Kuchen nach dem Bakken stürzen, wieder in die Form geben, die flache Seite mit einem Holzstäbchen mehrmals einstechen, mit etwas Saft beträufeln (am besten mit einem Pinsel bestreichen) und kurz einziehen lassen.

4 Den Kuchen wieder stürzen, die gewölbte Seite einstechen, mit dem restlichen Saft bestreichen und erkalten lassen. Den erkalteten Kuchen mit Puderzucker bestäuben.

Tip:
Sie können den Kuchen auch in einer Kastenform (30 x 11 cm) backen.

Abwandlung:
Vor dem Backen gewürfelte Filets von 1 Orange unter den Teig heben. Den Kuchen nach Belieben mit 150 g Zartbitterkuvertüre überziehen.

Mousse-Johannisbeer-Schnitten

Zubereitungszeit: 30 Min.
Backzeit: 12–15 Min.

Insgesamt:
E: 54 g, F: 104 g, Kh: 407 g, kJ: 12383, kcal: 2957

Für den Biskuitteig:
- **3 Eier**
- **3 EL heißes Wasser**
- **150 g Zucker**
- **1 Pck. Vanillin-Zucker**
- **1 Prise Salz**
- **75 g Weizenmehl**
- **25 g Speisestärke**
- **1 gestr. TL Backpulver**
- **25 g Kakaopulver**

Für die Füllung:
- **2 Pck. Dr. Oetker Mousse à la Vanille**
- **250 ml (1/4 l) Milch**
- **200 ml Schlagsahne**
- **250 g rote Johannisbeeren**

Zum Tränken:
- **4 cl Johannisbeerlikör**
- **3 EL Schokoladenraspel**

1 Für den Biskuitteig Eier und Wasser mit Handrührgerät mit Rührbesen auf höchster Stufe in 1 Minute schaumig schlagen. Zucker, Vanillin-Zucker und Salz mischen, in 1 Minute einstreuen, dann noch etwa 2 Minuten schlagen.

2 Mehl, Speisestärke, Backpulver und Kakao mischen, die Hälfte davon auf die Eiercreme sieben und kurz auf niedrigster Stufe unterrühren. Den Rest des Mehlgemisches auf die gleiche Weise unterarbeiten.

3 Den Teig auf ein gefettetes, mit Backpapier belegtes Backblech streichen. Das Backpapier unmittelbar vor dem Teig zu einer Falte knicken. Das Backblech sofort in den Backofen schieben.

Ober-/Unterhitze: 200–220 °C (vorgeheizt)
Heißluft: –
Gas: Stufe 3–4 (vorgeheizt)
Backzeit: 12–15 Min.

4 Die Biskuitplatte auf die mit Backpapier belegte Arbeitsfläche stürzen, das mitgebackene Backpapier abziehen. Das Gebäck erkalten lassen.

5 Für die Füllung die Mousse nach Packungsaufschrift (aber mit 250 ml Milch und 200 ml Sahne) zubereiten und im Kühlschrank etwas fest werden lassen.

6 Johannisbeeren waschen, gut abtropfen lassen, von den Rispen streifen und unter die Mousse rühren.

7 Die erkaltete Biskuitplatte quer halbieren und mit Johannisbeerlikör beträufeln. Die Hälfte der Masse auf die eine Biskuitplatte streichen, die zweite darauf legen und mit der restlichen Masse bestreichen. Mit Schokoladenraspeln garnieren.

Tip:
Nach Belieben mit Mousse-Nocken garnieren.

Limonen-Reis-Kuchen

Zubereitungszeit: 30 Min., ohne Quellzeit
Backzeit: etwa 75 Min.

Insgesamt:
E: 101 g, F: 273 g, Kh: 656 g, kJ: 23809, kcal: 5684

Für den Belag:
- **1 l Milch**
- **300 g Milchreis**

Für den Knetteig:
- **200 g Weizenmehl**
- **100 g Zucker**
- **1 Prise Salz**
- **1 Ei**
- **125 g Butter oder Margarine**

Für den Belag:
- **Schale von 3 Limonen (unbehandelt)**
- **8–10 EL Limonensaft**
- **100 g Zucker**
- **400 ml Schlagsahne**
- **2 Eiweiß**
- **1 Prise Salz**

- **gesiebter Puderzucker**
- **Limonenscheiben**

1 Milch zum Kochen bringen. Reis unter Rühren einstreuen, aufkochen lassen und bei schwacher Hitze in etwa 30 Minuten ausquellen lassen. Dabei ab und zu umrühren. Den Reis abkühlen lassen.

2 Für den Knetteig das Mehl in eine Rührschüssel sieben. Zucker, Salz, Ei und Butter oder Margarine hinzufügen. Die Zutaten mit Handrührgerät mit Knethaken zunächst kurz auf niedrigster, dann auf höchster Stufe gut durcharbeiten. Anschließend auf der Arbeitsfläche zu einem glatten Teig verkneten. Sollte er kleben, ihn eine Zeitlang kalt stellen.

3 Gut die Hälfte des Teiges auf einem gefetteten Springformboden (Ø 28 cm) ausrollen, mit einer Gabel mehrmals einstechen. Springformrand darumlegen.
Die Form auf dem Rost in den Backofen schieben.

Ober-/Unterhitze:
etwa 200 °C (vorgeheizt)
Heißluft: etwa 180 °C (nicht vorgeheizt)
Gas: Stufe 3–4 (vorgeheizt)
Backzeit: etwa 15 Min.

4 In der Zwischenzeit Limonenschale, Limonensaft, restlichen Zucker und Sahne unter den Reis rühren. Eiweiß mit Salz steif schlagen und unterheben.

5 Den restlichen Teig zu einer Rolle formen, auf den vorgebackenen Boden legen und als etwa 3 cm hohen Rand an den Springformrand drücken. Die Reismasse einfüllen und den überstehenden Teig abschneiden. Die Form auf dem Rost in den Backofen schieben.

Ober-/Unterhitze:
etwa 180 °C (vorgeheizt)
Heißluft: etwa 160 °C (nicht vorgeheizt)
Gas: Stufe 2–3 (nicht vorgeheizt)
Backzeit: etwa 60 Min.

6 Den Kuchen etwas abkühlen lassen, aus der Form lösen, auf einem Kuchenrost erkalten lassen. Mit Puderzucker bestäuben und mit Limonenscheiben garnieren.

Mitropakuchen

Zubereitungszeit: 40 Min., ohne Kühlzeit
Backzeit: 8–10 Min.

Insgesamt:
E: 66 g, F: 94 g, Kh: 271 g, kJ: 9549, kcal: 2281

Für den Biskuitteig:
- **2 Eier**
- **1 Eigelb**
- **75 g Zucker**
- **1 Pck. Vanillin-Zucker**
- **75 g Weizenmehl**
- **25 g Speisestärke**
- **1 gestr. TL Backpulver**

Zum Bestreichen:
- **100 g rotes Johannisbeergelee oder Waldfruchtkonfitüre**

Für die Füllung:
- **3 Blatt rote Gelatine**
- **150 ml Himbeer- oder Johannisbeersaft**
- **250 g Speisequark**
- **200–250 ml Schlagsahne**

- **3 EL Aprikosenkonfitüre**

1 Für den Biskuitteig Eier und Eigelb mit Handrührgerät mit Rührbesen auf höchster Stufe in 1 Minute schaumig schlagen. Zucker mit Vanillin-Zucker mischen, in 1 Minute einstreuen, dann noch etwa 2 Minuten schlagen.

2 Mehl, Speisestärke und Backpulver mischen, die Hälfte davon auf die Eiercreme sieben und kurz auf niedrigster Stufe unterrühren. Den Rest des Mehlgemisches auf die gleiche Weise unterarbeiten.

3 Den Teig auf ein gefettetes, mit Backpapier belegtes Backblech streichen. Das Backpapier unmittelbar vor dem Teig zu einer Falte knikken. Das Backblech sofort in den Backofen schieben.

Ober-/Unterhitze: 200–220 °C (vorgeheizt)
Heißluft: –
Gas: Stufe 3–4 (vorgeheizt)
Backzeit: 8–10 Minuten.

4 Die Biskuitplatte auf die mit Backpapier belegte Arbeitsfläche stürzen, das mitgebackene Backpapier abziehen. An einer der langen Seiten einen 10 cm breiten Streifen abschneiden und zurücklegen. Die Biskuitplatte sofort mit verrührtem Gelee oder Konfitüre bestreichen, aufrollen und erkalten lassen.

5 Die Biskuitrolle in etwa 1 cm dicke Scheiben schneiden und in eine Schüssel (2 Liter Inhalt, mit Klarsichtfolie ausgelegt) legen.

6 Für die Füllung Gelatine in wenig kaltem Wasser einweichen, ausdrücken, auflösen und unter den Saft rühren. Sobald die Masse anfängt zu gelieren, Quark und steif-geschlagene Sahne unterheben. Die Masse in die Schüssel füllen, mit dem zurückgelassenen, in passende Abschnitte geschnittenen Biskuitstreifen belegen und 3 Stunden kalt stellen.

7 Gebäck auf eine Tortenplatte stürzen. Aprikosenkonfitüre durch ein Sieb streichen, unter Rühren aufkochen lassen und das Gebäck damit bestreichen.

Tip:
Unter die Füllung zusätzlich 200 g Himbeeren oder Johannisbeeren heben.

Pflaumenmuskuchen

Zubereitungszeit: 25 Min.
Backzeit: etwa 35 Min.

Insgesamt:
E: 72 g, F: 136 g, Kh: 431 g, kJ: 14124, kcal: 3373

Für den Quark-Öl-Teig:
- **250 g Weizenmehl**
- **3 TL Backpulver**
- **125 g Magerquark**
- **5 EL Milch**
- **5 EL Speiseöl**
- **50 g Zucker**

Für die Füllung:
- **200 g Marzipan-Rohmasse**
- **125 g Pflaumenmus**

Zum Bestreichen:
- **1 EL Kondensmilch**

Für den Guß:
- **2 EL gesiebter Puderzucker**
- **1 TL Zitronensaft**

Zum Bestreuen:
- **1 EL Hagelzucker**

1 Für den Quark-Öl-Teig Mehl und Backpulver mischen und in eine Rührschüssel sieben. Quark, Milch, Öl und Zucker hinzufügen.

2 Die Zutaten mit Handrührgerät mit Knethaken auf höchster Stufe in etwa 1 Minute zu einem Teig verarbeiten (nicht zu lange, Teig klebt sonst). Den Teig anschließend auf einer bemehlten Arbeitsfläche zu einem Rechteck (25 x 30 cm) ausrollen und längs halbieren.

3 Für die Füllung das Marzipan fein würfeln und mit dem Pflaumenmus verrühren. Die Masse auf die Teigstreifen streichen, dabei jeweils einen 2 cm breiten Rand frei lassen. Die Teigstreifen jeweils von der Längsseite her aufrollen.

4 Beide Teigrollen wie Kordeln umeinanderdrehen, die Wölbungen mit einem Messer etwa 1/2 cm tief einschneiden und das Ganze in eine gefettete Kastenform (30 x 11 cm) legen. Den Teig mit Kondensmilch bestreichen. Die Form auf dem Rost in den Backofen schieben.

Ober-/Unterhitze:
etwa 180 °C (vorgeheizt)
Heißluft:
etwa 160 °C
(nicht vorgeheizt)
Gas: Stufe 2–3
(nicht vorgeheizt)
Backzeit: etwa 35 Min.

5 Den Kuchen sofort aus der Form lösen und auf einem Kuchenrost abkühlen lassen.

6 Für den Guß Puderzucker und Zitronensaft glattrühren, den Kuchen damit bestreichen und mit Hagelzucker bestreuen.

Tip:
Gebäck aus Quark-Öl-Teig sollte möglichst frisch gegessen werden.

Vanilletorte Olé

Zubereitungszeit: 35 Min.
Backzeit: etwa 45 Min.

Insgesamt:
E: 98 g, F: 204 g, Kh: 657 g, kJ: 21118, kcal: 5045

Für den Rührteig:
- **100 g Marzipan-Rohmasse**
- **5 Eigelb**
- **150 g Zucker**
- **1 Pck. Bourbon Vanille-Zucker**
- **5 Eiweiß**
- **1 Prise Salz**
- **100 g Weizenmehl**
- **100 g Speisestärke**
- **1 gestr. TL Backpulver**
- **100 g zerlassene, abgekühlte Butter**
- **50 g grob geraspelte Zartbitterschokolade**
- **30 g abgezogene, gehackte Mandeln**
- **30 g fein gewürfeltes Zitronat**

- **3 EL Aprikosen-konfitüre**
- **300 g Halbbitter-Kuvertüre**

- **weiße Kuvertüre**
- **Schokoladenornamente**

1 Für den Rührteig Marzipan-Rohmasse grob zerkleinern, zusammen mit Eigelb mit Handrührgerät mit Rührbesen auf höchster Stufe geschmeidig rühren. Nach und nach Zucker und Vanille-Zucker unterrühren, so lange rühren, bis sich der Zucker aufgelöst hat.

2 Eiweiß und Salz steif schlagen und unter die Marzipanmasse heben. Mehl, Speisestärke und Backpulver mischen, sieben und auf niedrigster Stufe portionsweise unterrühren.

3 Butter langsam hinzugeben. Schokolade, Mandeln und Zitronat unterrühren. Den Teig in eine gefettete, mit Mandeln ausgestreute Tarteform (Ø 26 cm, mit 3–4 cm hohem Rand) füllen und glattstreichen. Die Form auf dem Rost in den Backofen schieben.

Ober-/Unterhitze:
etwa 180 °C (vorgeheizt)
Heißluft: etwa 160 °C
(nicht vorgeheizt)
Gas: etwa Stufe 3
(nicht vorgeheizt)
Backzeit: etwa 45 Min.

4 Den Kuchen in der Form etwa 5 Minuten stehen lassen, ihn dann auf einen mit Backpapier belegten Kuchenrost stürzen und erkalten lassen.

5 Konfitüre unter Rühren erhitzen, die Torte vollständig damit bestreichen und antrocknen lassen.

6 Kuvertüre grob zerkleinern, in einem kleinen Topf im Wasserbad zu geschmeidiger Masse verrühren, etwas abkühlen lassen, gleichmäßig auf Tortenoberfläche und -rand verteilen und fest werden lassen.

7 Die Torte mit aufgelöster, weißer Kuvertüre und Schokoladenornamenten garnieren.

Tip:
Sie können die Vanilletorte auch in einer Springform backen. Die Vanilletorte bleibt im Kühlschrank gut in Alufolie verpackt mehrere Tage frisch.

Nr. 2

Sahnige Highlights

Verführung pur, der so leicht niemand widerstehen kann. Also schwelgen Sie mit!

After-Eight-Torte

Zubereitungszeit: 75 Min., ohne Kühlzeit
Backzeit: etwa 25 Min.

Insgesamt:
E: 106 g, F: 552 g, Kh: 593 g, kJ: 34640, kcal: 8271

Für die After-Eight-Sahne:
- **2 Pck. (à 200 g) After Eight**
- **750 ml (3/4 l) Schlagsahne**
- **3 Pck. Sahnesteif**

Für den Teig:
- **80 g weiche Butter oder Margarine**
- **80 g Zucker**
- **5 Eigelb**
- **1 EL Rum**
- **100 g geraspelte Zartbitter-Schokolade**
- **200 g abgezogene, gemahlene Mandeln**
- **1 TL Backpulver**
- **5 Eiweiß**

- **100 ml Schlagsahne**

1 Für die After-Eight-Sahne die Täfelchen (8 Stück zurücklassen) mit der Sahne aufkochen und über Nacht kalt stellen.

2 Für den Teig Butter oder Margarine und Zucker mit Handrührgerät mit Rührbesen schaumig rühren. Eigelb nach und nach unterrühren (jedes Eigelb knapp 1/2 Minute). Rum unterrühren.

3 Schokolade mit Mandeln und Backpulver mischen und unterrühren. Eiweiß steif schlagen und in 2 Portionen locker unterheben.

4 Den Teig in eine Springform (Ø 28 cm, Boden gefettet, mit Backpapier belegt) streichen. Die Form auf dem Rost in den Backofen schieben.

Ober-/Unterhitze: etwa 180 °C (vorgeheizt)
Heißluft: etwa 160 °C (nicht vorgeheizt)
Gas: etwa Stufe 3 (nicht vorgeheizt)
Backzeit: etwa 25 Min.

(Fortsetzung Seite 138)

5 Den Tortenboden aus der Form lösen, das Backpapier abziehen und den Boden auf einem Kuchenrost erkalten lassen.

6 Die After-Eight-Sahne mit Sahnesteif steif schlagen. Die Masse leicht kuppelartig auf den Tortenboden streichen.

7 Sahne steif schlagen, in einen Spritzbeutel mit Sterntülle füllen. Torte mit Sahneschleifen verzieren, mit After-Eight-Täfelchen garnieren, gut gekühlt servieren.

Nuss-Caramello-Torte

Zubereitungszeit: 45 Min., ohne Kühlzeit
Backzeit: etwa 45 Min.

Insgesamt:
E: 92 g, F: 460 g, Kh: 334 g, kJ: 25241, kcal: 6030

Für den Rührteig:

- **100 g weiche Butter oder Margarine**
- **100 g Zucker**
- **1 Pck. Vanillin-Zucker**
- **4 Eigelb**
- **50 g Weizenmehl**
- **1 gestr. TL Backpulver**
- **75 g gehackte Haselnußkerne**
- **125 g gemahlene Haselnußkerne**
- **50 g geriebene Schokolade**
- **4 Eiweiß**

Für die Füllung:

- **75 g Zucker**
- **500 ml (1/2 l) Schlagsahne**
- **2 Pck. Sahnesteif**

Zum Garnieren:

- **75 g Schokoladenlocken oder Borkenschokolade**
- **50 g gehackte Haselnußkerne**

1 Für den Rührteig Butter oder Margarine mit Handrührgerät mit Rührbesen auf höchster Stufe geschmeidig rühren. Nach und nach Zucker und Vanillin-Zucker unterrühren, so lange rühren, bis eine gebundene Masse entstanden ist. Eigelb nach und nach unterrühren (jedes Eigelb etwa 1/2 Minute).

2 Mehl mit Backpulver mischen, sieben und portionsweise auf mittlerer Stufe unterrühren. Nüsse und Schokolade unterrühren. Eiweiß steif schlagen und unterziehen. Den Teig in eine Springform (Ø 26 cm, Boden gefettet, mit Backpapier belegt) füllen. Die Form auf dem Rost in den Backofen schieben.

Ober-/Unterhitze:
etwa 180 °C (vorgeheizt)
Heißluft: etwa 160 °C
(nicht vorgeheizt)
Gas: Stufe 2–3
(nicht vorgeheizt)
Backzeit: etwa 45 Min.

3 Den Boden aus der Form lösen, auf einen Kuchenrost stürzen, das Backpapier entfernen und den Boden erkalten lassen. Ihn einmal waagerecht durchschneiden.

4 Für die Füllung Zucker in einem Topf karamelisieren lassen. Sahne hinzufügen und langsam erwärmen, bis sich alles gelöst hat. Karamelsahne über Nacht kalt stellen.

5 Karamelsahne mit Sahnesteif steif schlagen. 2/3 der Sahne auf den unteren Boden streichen, mit dem oberen Boden bedecken. Tortenoberfläche und -rand mit restlicher Sahne bestreichen. Torte mit Schokoladenlocken oder Borkenschokolade und Haselnußkernen garnieren.

Raffael-Torte

Zubereitungszeit: 35 Min.
Backzeit: etwa 30 Min.

Insgesamt:
E: 72 g, F: 404 g, Kh: 460 g, kJ: 24891, kcal: 5947

Für den Rührteig:
- **50 g Kokosraspel**
- **125 g weiche Butter oder Margarine**
- **125 g Zucker**
- **1 Pck. Vanillin-Zucker**
- **4 Eigelb**
- **100 g Weizenmehl**
- **2 gestr. TL Backpulver**
- **4 Eiweiß**

Für den Belag:
- **75 g Aprikosen-konfitüre**
- **1 Dose Aprikosen (Abtropfgewicht 480 g)**
- **18 Stücke Kokos-Konfekt**
- **600 ml Schlagsahne**
- **2 Pck. Sahnesteif**
- **50 g Kokosraspel**

1 Für den Rührteig die Kokosraspel in einer Pfanne ohne Fett rösten und abkühlen lassen.

2 Butter oder Margarine mit Handrührgerät mit Rührbesen auf höchster Stufe geschmeidig rühren. Nach und nach Zucker und Vanillin-Zucker unterrühren, so lange rühren, bis eine gebundene Masse entstanden ist. Eigelb nach und nach unterrühren (jedes Eigelb etwa 1/2 Minute).

3 Mehl mit Backpulver mischen, sieben und portionsweise abwechselnd mit den Kokosraspeln auf mittlerer Stufe unterrühren. Eiweiß steif schlagen und unterheben. Den Teig in eine Springform (Ø 26 cm, Boden gefettet, mit Backpapier belegt) füllen und glattstreichen. Die Form auf dem Rost in den Backofen schieben.

Ober-/Unterhitze: etwa 180 °C (vorgeheizt)
Heißluft: etwa 160 °C (nicht vorgeheizt)
Gas: Stufe 2–3 (nicht vorgeheizt)
Backzeit: etwa 30 Min.

4 Den Boden etwa 10 Minuten in der Form stehen lassen, aus der Form lösen, auf einen Kuchenrost stürzen, das Backpapier abziehen und den Boden erkalten lassen.

5 Für den Belag Konfitüre erwärmen und auf den Tortenboden streichen. Aprikosen auf einem Sieb abtropfen lassen. 2 Aprikosenhälften in Spalten schneiden und beiseite legen, die restlichen auf der Konfitüre verteilen. Einen Tortenring um den Boden legen.

6 Vier Stücke Konfekt halbieren und zum Garnieren beiseite legen, restliches Konfekt kleinschneiden. 500 ml (1/2 l) Sahne mit Sahnesteif steif schlagen, das kleingeschnittene Konfekt unterheben und die Creme auf die Früchte streichen. Den Tortenring entfernen.

7 Die restliche Sahne steif schlagen und in einen Spritzbeutel mit Sterntülle füllen. Die Torte mit Sahnetuffs verzieren, mit Kokosraspeln, Aprikosenspalten und zurückgelassenem Konfekt garnieren.

Tip:
Anstelle der Aprikosen können Sie auch Ananas verwenden.

Schokokuppel

Zubereitungszeit: 50 Min., ohne Kühlzeit
Backzeit: 25–30 Min.

Insgesamt:
E: 100 g, F: 401 g, Kh: 510 g, kJ: 26410, kcal: 6314

Für den Biskuitteig:

- **4 Eier**
- **4 EL heißes Wasser**
- **175 g Zucker**
- **1 Pck. Vanillin-Zucker**
- **200 g Weizenmehl**
- **10 g Kakaopulver**
- **3/4 TL Backpulver**

Für die Füllung:

- **1 Dose Birnen (Abtropfgewicht 460 g)**
- **5 Blatt weiße Gelatine**
- **125 ml (1/8 l) Milch**
- **150 g Halbbitterschokolade**
- **500 ml (1/2 l) Schlagsahne**

- **2 EL Rum**
- **2 EL Aprikosenkonfitüre**

Für den Belag:

- **500 ml (1/2 l) Schlagsahne**
- **1 Pck. Sahnesteif**
- **1 EL kakaohaltiges Getränkepulver**

- **geraspelte Schokolade**

1 Für den Biskuitteig Eier und Wasser mit Handrührgerät mit Rührbesen auf höchster Stufe in 1 Minute schaumig schlagen. Zucker mit Vanillin-Zucker mischen, in 1 Minute einstreuen, dann noch etwa 2 Minuten schlagen.

2 Mehl, Kakao und Backpulver mischen, die Hälfte davon auf die Eiercreme sieben und kurz auf niedrigster Stufe unterrühren. Den Rest des Mehlgemisches auf die gleiche Weise unterarbeiten.

3 Den Teig in eine Springform (Ø 26 cm, Boden gefettet, mit Backpapier belegt) füllen. Die Form auf dem Rost in den Backofen schieben.

Ober-/Unterhitze:
etwa 180 °C (vorgeheizt)
Heißluft: –
Gas: Stufe 2–3
(nicht vorgeheizt)
Backzeit: 25–30 Minuten.

4 Den Boden aus der Form lösen, auf einen Kuchenrost stürzen, das Backpapier abziehen, den Boden erkalten lassen und einmal waagerecht durchschneiden. Eine Schüssel (Ø etwa 26 cm, mit Frischhaltefolie ausgelegt) mit dem unteren Boden auslegen.

5 Für die Füllung Birnen auf ein Sieb geben, abtropfen lassen und in Spalten schneiden. Gelatine in wenig kaltem Wasser einweichen.

6 Milch erwärmen und die Schokolade darin auflösen. Die ausgedrückte Gelatine hinzufügen und so lange rühren, bis sie gelöst ist. Die Schokoladenmilch kalt stellen.

7 Sobald die Flüssigkeit anfängt zu gelieren, Sahne steif schlagen und unterheben. Die Masse in die Schüssel füllen, glattstreichen, mit den Birnenspalten belegen und mit Frischhaltefolie abgedeckt etwa 3 Stunden kalt stellen.

8 Den oberen Boden mit Rum tränken und mit Konfitüre bestreichen. Den Boden mit der bestrichenen Seite auf die Birnenspalten legen. Die Kuppel auf eine Tortenplatte stürzen.

9 Für den Belag Sahne mit Sahnesteif steif schlagen. Getränkepulver unterrühren. Die Kuppel mit der Sahnemasse bestreichen und mit Schokolade bestreuen.

Tip:
Die Kuppel in der Schüssel anstelle von 3 Stunden über Nacht kalt stellen und am nächsten Tag fertig zubereiten.

Chococrossies-Torte

Zubereitungszeit: 30 Min.
Backzeit: etwa 50 Min.

Insgesamt:
E: 73 g, F: 267 g, Kh: 388 g, kJ: 18325, kcal: 4379

Für den Biskuitteig:
- **2 Eier**
- **2 EL heißes Wasser**
- **80 g Zucker**
- **1 Pck. Vanillin-Zucker**
- **80 g Weizenmehl**
- **½ gestr. TL Backpulver**

Für den Rührteig:
- **50 g weiche Butter oder Margarine**
- **50 g Zucker**
- **1 Pck. Vanillin-Zucker**
- **2 Eier**
- **70 g Weizenmehl**
- **1 Msp. Backpulver**

Für den Belag:
- **20 g Cornflakes**
- **50 g Chococrossies, zerstoßen**

Für die Füllung:
- **500 ml (½ l) Schlagsahne**
- **2 Pck. Sahnesteif**
- **1 Pck. Vanillin-Zucker**
- **80 g Chococrossies, zerstoßen**

- **12 Chococrossies**

1 Für den Biskuitteig Eier und Wasser mit Handrührgerät mit Rührbesen auf höchster Stufe in 1 Minute schaumig schlagen. Zucker mit Vanillin-Zucker mischen, in 1 Minute einstreuen, dann noch etwa 2 Minuten schlagen.

2 Mehl und Backpulver mischen, die Hälfte davon auf die Eiercreme sieben und kurz auf niedrigster Stufe unterrühren. Den Rest des Mehlgemisches auf die gleiche Weise unterarbeiten. Den Teig in eine Springform (Ø 26 cm, Boden gefettet, mit Backpapier belegt) füllen. Die Form auf dem Rost in den Backofen schieben.

Ober-/Unterhitze:
etwa 180 °C (vorgeheizt)
Heißluft: –
Gas: Stufe 3–4 (vorgeheizt)
Backzeit: etwa 25 Min.

3 Den Boden aus der Form lösen, auf einen Kuchenrost stürzen, das Backpapier entfernen und den Boden erkalten lassen.

4 Für den Rührteig Butter oder Margarine mit Handrührgerät mit Rührbesen auf höchster Stufe geschmeidig rühren. Nach und nach Zucker und Vanillin-Zucker unterrühren, so lange rühren, bis eine gebundene Masse entstanden ist. Eier nach und nach unterrühren (jedes Ei etwa ½ Minute).

5 Mehl mit Backpulver mischen, sieben, portionsweise auf mittlerer Stufe unterrühren. Den Teig in eine Springform (Ø 26 cm, Boden gefettet) füllen, glattstreichen.

6 Für den Belag Cornflakes und Chococrossies mischen, auf den Teig streuen. Die Form auf dem Rost in den Backofen schieben.

Ober-/Unterhitze:
etwa 180 °C (vorgeheizt)
Heißluft: etwa 160 °C (nicht vorgeheizt)
Gas: Stufe 3–4 (vorgeheizt)
Backzeit: etwa 25 Min.

7 Den Boden aus der Form lösen, sofort in 12 Tortenstücke schneiden und erkalten lassen.

8 Für die Füllung Sahne mit Sahnesteif und Vanillin-Zucker steif schlagen, Chococrossies unterheben. Gut 2 Eßlöffel von der Sahnemasse in einen Spritzbeutel mit glatter Tülle füllen, die restliche Masse auf den Biskuitboden streichen, mit den Rührteigbodenstücken belegen.

9 Die Torte mit der restlichen Sahne verzieren und mit den Chococrossies garnieren.

Gib-mir-die-Kugel-Torte

Zubereitungszeit: 50 Min., ohne Kühlzeit
Backzeit: etwa 30 Min.

Insgesamt:
E: 113 g, F: 653 g, Kh: 431 g, kJ: 34526, kcal: 8280

Für den Rührteig:
- **150 g weiche Butter oder Margarine**
- **150 g Zucker**
- **1 Pck. Vanillin-Zucker**
- **4 Eier**
- **200 g gemahlene Haselnußkerne**
- **1 TL Backpulver**

Für den Belag:
- **24 Schoko-Nuß-Konfektkugeln**
- **400–500 ml Schlagsahne**
- **1 Pck. Sahnesteif**

Zum Verzieren:
- **40 g Vollmilchkuvertüre**
- **30 g gehobelte Haselnußkerne**
- **200–250 ml Schlagsahne**
- **1 Pck. Vanillin-Zucker**

1 Für den Rührteig Butter oder Margarine mit Handrührgerät mit Rührbesen auf höchster Stufe geschmeidig rühren. Nach und nach Zucker und Vanillin-Zucker unterrühren, so lange rühren, bis eine gebundene Masse entstanden ist. Eier nach und nach unterrühren (jedes Ei etwa 1/2 Minute).

2 Die Nüsse mit Backpulver mischen und portionsweise auf mittlerer Stufe unterrühren. Den Teig in eine Springform (Ø 26 cm, Boden gefettet, mit Backpapier belegt) füllen und glattstreichen. Die Form auf dem Rost in den Backofen schieben.

Ober-/Unterhitze: etwa 180 °C (vorgeheizt)
Heißluft: etwa 160 °C (nicht vorgeheizt)
Gas: Stufe 2–3 (nicht vorgeheizt)
Backzeit: etwa 30 Min.

3 Den Tortenboden aus der Form lösen, auf einen Kuchenrost stürzen und den Boden erkalten lassen.

4 Acht gekühlte Konfektkugeln mit einem scharfen Messer halbieren und zum Garnieren beiseite legen. Die restlichen Kugeln in einer Schüssel zerdrücken.

5 Sahne mit Sahnesteif steif schlagen und in 2 Portionen unter die Krümelmasse heben. Einen Tortenring um den Tortenboden legen und die Masse auf dem Boden verstreichen. Die Torte kühl stellen.

6 Zum Verzieren Kuvertüre grob zerkleinern und in einem kleinen Topf im Wasserbad bei schwacher Hitze zu geschmeidiger Masse verrühren. Die Haselnußblättchen in einer Pfanne ohne Fett rösten. Die Torte aus dem Tortenring lösen und die Haselnußblättchen an den Tortenrand drücken. Die Kuvertüre in einen Gefrierbeutel geben, eine Ecke abschneiden, die Torte mit der Kuvertüre verzieren und kühl stellen.

7 Sahne mit Vanillin-Zucker steif schlagen, in einen Spritzbeutel mit Sterntülle geben. Die Torte mit Sahnetuffs verzieren und mit den halbierten Konfektkugeln garnieren. Torte gut gekühlt servieren.

Schokotüten-Torte

Zubereitungszeit: 60 Min., ohne Kühlzeit
Backzeit: 22–33 Min.

Insgesamt:
E: 136 g, F: 564 g, Kh: 969 g, kJ: 40839, kcal: 9762

Für den Biskuitteig:
- **6 Eier**
- **2 EL heißes Wasser**
- **150 g Zucker**
- **1 Pck. Vanillin-Zucker**
- **120 g Weizenmehl**
- **30 g Speisestärke**
- **1 gestr. TL Backpulver**
- **125 g aufgelöste, abgekühlte Vollmilchkuvertüre**
- **30 g zerlassene, abgekühlte Butter**
- **50 g feingehackte Vollmilchkuvertüre**

Für den Hippenteig:
- **200 g Weizenmehl**
- **200 g gesiebter Puderzucker**
- **3 Tropfen Zitronen-Aroma**
- **200 ml Schlagsahne**
- **100 g weiße Kuvertüre**

Für Füllung I:
- **500 ml (1/2 l) Schlagsahne**
- **100 g Vollmilchkuvertüre**
- **2 Pck. Sahnesteif**

Für Füllung II:
- **500 ml (1/2 l) Schlagsahne**
- **75 g weiße Kuvertüre**
- **2 Pck. Sahnesteif**

- **4 EL Pflaumenmus**
- **120 g Pflaumenmus**
- **gesiebter Puderzucker**

1 Für den Biskuitteig Eier und Wasser mit Handrührgerät mit Rührbesen auf höchster Stufe in 1 Minute schaumig schlagen. Zucker mit Vanillin-Zucker mischen, in 1 Minute einstreuen, dann noch etwa 2 Minuten schlagen.

2 Mehl, Speisestärke und Backpulver mischen, die Hälfte davon auf die Eiercreme sieben und kurz auf niedrigster Stufe unterrühren. Den Rest des Mehlgemisches auf die gleiche Weise unterarbeiten. Aufgelöste Kuvertüre und Butter unterrühren, gehackte Kuvertüre unterheben.

3 Den Teig in eine Springform (Ø 28 cm, Boden gefettet, mit Backpapier belegt) füllen. Die Form sofort auf dem Rost in den Backofen schieben.

Ober-/Unterhitze:
etwa 180 °C (vorgeheizt)
Heißluft: –
Gas: Stufe 2–3
(nicht vorgeheizt)
Backzeit: 20–30 Min.

4 Den Boden aus der Form lösen, auf einen Kuchenrost stürzen, das Backpapier abziehen und den Boden erkalten lassen. Ihn zweimal waagerecht durchschneiden.

5 Für den Hippenteig Mehl in eine Rührschüssel sieben, mit Puderzucker mischen. Zitronen-Aroma und Sahne zugeben und alles miteinander verrühren. Den Teig mit Hilfe eine Schablone (Ø 12 cm) auf ein gefettetes, mit Backpapier belegtes Backblech streichen. Das Backblech in den Backofen schieben.

Ober-/Unterhitze:
etwa 200 °C (vorgeheizt)
Heißluft: etwa 180 °C
(nicht vorgeheizt)
Gas: Stufe 3–4 (vorgeheizt)
Backzeit: 2–3 Min.

6 Jede Hippe einzeln mit Hilfe einer Winkelpalette vom Backpapier nehmen, sofort zu einer Tüte formen und erkalten lassen. Kuvertüre auflösen und 12 Tüten damit ausstreichen. Die Unterseite ebenfalls bestreichen.

7 Füllung I und II getrennt voneinander zubereiten. Dafür jeweils die Sahne zum Kochen bringen. Kuvertüre in Stücke schneiden, unter Rühren in der Sahne auflösen, in eine Schüssel geben und erkalten lassen (am besten über Nacht). Schokoladensahne jeweils mit Sahnesteif steif schlagen.

8 Den unteren Biskuitboden mit Pflaumenmus bestreichen, mit dem mittleren Boden bedecken, mit ²/₃ der weißen Sahnemasse bestreichen und den oberen Boden darauf legen. Tortenoberfläche und -rand mit ²/₃ der dunklen Sahnemasse bestreichen.

9 Die 12 Waffeltüten mit jeweils 1 Teelöffel vom Pflaumenmus füllen und mit der bestrichenen Seite auf die Torte legen. In jede Tüte Sahnemasse (abwechselnd weiß und braun) spritzen. Mit Puderzucker bestäuben.

■ Tips:
Die restlichen Hippentüten in einer gut schließenden Dose aufbewahren. Die Torte kann auch mit gekauften Waffeltüten zubereitet werden.

Allgemeines

Eier

Eier sind eine entscheidende Zutat beim Backen. Sie werden entsprechend ihrer Frische in Güteklassen und hinsichtlich ihres Gewichtes in Gewichtsklassen eingeteilt. Die früher verwendeten Gewichtsklassen 1–7 werden durch folgende 4 neue Gewichtsklassen ersetzt:

S/klein:	unter 53 g
M/mittel:	53 bis unter 63 g
L/groß:	63 bis unter 73 g
XL/sehr groß :	73 g und darüber.

Zum Backen werden überwiegend Eier der Klasse M verwendet.
Für die Änderung der Kennzeichnung gilt eine Übergangsfrist bis Ende 1997.
Für Füllungen, die mit rohen Eiern zubereitet werden, nur sehr frische Eier verwenden.

Schmand

Schmand ist ein 20–24%iger Sauerrahm. Er kann gegen Crème fraîche ausgetauscht oder an deren Stelle verwendet werden.

Zeitersparnis

Wenn´s mal schnell gehen muß, können Sie anstelle der selbstgemachten Biskuitböden auch gekaufte Böden verwenden.

Backtips

Backformen vorbereiten

Backformen mit weicher Margarine oder Butter (nicht mit Öl!) gleichmäßig einfetten. Backbleche und Springformen können auch mit Backpapier ausgelegt werden. Das Papier für eine Springform so herstellen: Die Form umdrehen (Boden nach oben), das Backpapier darauf legen. Mit einem Messerrücken das am Rand überstehende Papier abstreifen. Den Boden an etwa 4 Stellen mit streichfähiger Margarine oder Butter einfetten – am besten mit einem Pinsel. Den Rand nicht fetten. Das Papier auf den Boden legen, mit den Händen glattstreichen, so daß keine Unebenheiten oder Falten entstehen und gut andrücken.

Backformen in den Backofen einschieben

Gefüllte Backformen zum Backen immer auf dem Rost in den Backofen schieben und nicht auf den Backofenboden stellen. Das Gebäck würde zu dunkel werden. Hohe und halbhohe Formen werden im allgemeinen auf dem Rost auf die untere, und flache Formen auf die mittlere Einschubleiste geschoben. Bei der Einschubhöhe die Anweisungen des Herd-Herstellers beachten.

Garprobe machen

Die gebräuchlichste Garprobe für Gebäck ist die Stäbchenprobe: Dafür wird ein Holzstäbchen an der dicksten Stelle in den Kuchen gestochen. Ist das Hölzchen trocken und haftet kein Teig mehr daran, ist der Kuchen gar. Biskuitplatten sind gar, wenn bei Fingerdruck keine Druckstelle auf der Oberfläche zurückbleibt. Bei Hefeblechkuchen sollte die Unterseite leicht gebräunt und trocken sein. Um dies zu prüfen, den Kuchen vorsichtig mit einem breiten Messer hochheben.

Kuchen aus Formen lösen und auskühlen lassen

Kuchen in Kastenformen etwa 10 Minuten abkühlen lassen, dann vorsichtig vom Backformrand lösen, stürzen oder herausnehmen. Gebäck in Springformen etwas abkühlen lassen. Springformrand lösen. Je nach Rezept Gebäck vom Springformboden abheben oder stürzen. Gebäcke in Napfkuchenformen etwa 10 Minuten stehen lassen, dann stürzen.

Gebäck zuerst auf einem Kuchengitter auskühlen lassen, damit der Boden nicht feucht wird. Erst danach auf die Kuchenplatte setzen.

Back- oder Pergamentpapier abziehen
Backpapier oder Pergamentpapier nach dem Backen vorsichtig abziehen, damit das Gebäck auskühlen kann.

Teigarten

Knetteig
Knetteige vor der Weiterverarbeitung wenigstens $1/2$–1 Stunde kalt stellen. Roher Knetteig kann – gut verpackt – mehrere Tage im Kühlschrank aufbewahrt oder auch tiefgekühlt werden.
Alle Knetteige nach den Angaben unter den Rezepten backen. Das Gebäck sofort aus der Form lösen oder vom Backblech nehmen. Knetteigböden in Springformen sofort nach dem Backen vom Springformboden lösen, aber darauf erkalten lassen.

Rührteig
Alle Rührteige nach den Angaben unter den Rezepten backen. Kuchen in Napfkuchenformen erst nach 10 Minuten auf einen Kuchenrost stürzen. Böden aus Obstbodenformen sofort stürzen.

Biskuitteig
Biskuitteige müssen sofort nach der Zubereitung gebacken werden, damit sie nicht wieder zusammenfallen und zwar nach den Angaben unter den Rezepten. Heißluft ist für das Backen von Biskuit nicht geeignet, daher werden an dieser Stelle keine Temperaturangaben gemacht. Wenn der Biskuit etwas abgekühlt ist, ihn mit einem Messer vom Springformrand lösen und den Rand entfernen.
Damit das Gebäck besser auskühlen kann, es auf einen Kuchenrost legen. Soll der Biskuitboden nicht am gleichen Tag verwendet werden, das Papier bis zum Gebrauch des Bodens darauf lassen.

Zur Herstellung einer Biskuitrolle das Backblech mit Backpapier belegen, gut andrücken, an der offenen Seite des Blechs so zu einer Falte knicken, daß ein Rand entsteht (damit der Teig nicht auslaufen kann). Den Teig auf das vorbereitete Blech streichen. Nach dem Backen den Biskuit sofort mit einem Messer von den Rändern des Blechs und von dem Papierrand lösen, mit Hilfe des anhaftenden Papiers hochheben, auf ein mit Zucker bestreutes Geschirrtuch stürzen. Das Backpapier mit kaltem Wasser (mit einem Pinsel) bestreichen und es vorsichtig, aber schnell abziehen (Foto links).

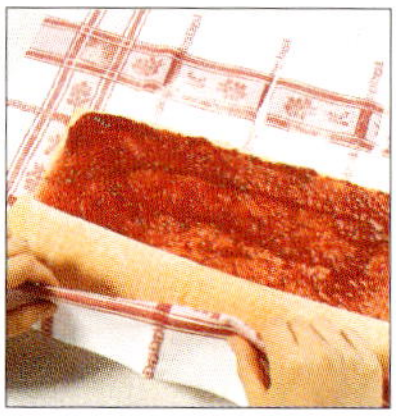

Den Biskuit sofort mit dem Geschirrtuch aufrollen und kalt stellen oder mit Konfitüre bestreichen. Es empfiehlt sich, die im Rezept angegebene Konfitürenmenge gleichmäßig mit einem Löffel auf der Biskuitplatte zu verteilen und sie dann schnell mit einer Teigkarte zu verstreichen.
Den Biskuit aufrollen (Foto rechts). Dieser Arbeitsgang muß schnell erfolgen, denn je abgekühlter die Biskuitplatte ist, desto schneller kann sie beim Aufrollen brechen. Als Hilfestellung kann das unter der Biskuitrolle liegende Geschirrtuch dienen, welches durch leichtes Anheben das Aufrollen der Platte erleichtert.

Das Füllen von Torten

Den Biskuitboden so auf einen Bogen Papier legen, daß die Unterseite, die besonders schön glatt ist, nach oben kommt. Er kann mit einem Zwirnsfaden oder einem großen Messer in Schichten geteilt werden. Damit die Schichten gleichmäßig dick werden, den Tortenrand vorher mit einem kleinen spitzen Messer ringsherum etwa 1 cm tief einschneiden.
Einen Zwirnsfaden in den Einschnitt legen, die Enden des Zwirnsfadens über Kreuz legen und fest anziehen, dabei durchschneidet der Faden das Gebäck (Foto links).

Damit die Tortenschicht nicht bricht, sie mit einem Papier abheben. Dazu das Papier an der vorderen Kante nach unten knicken und unter die obere Schicht schieben. Mit den Zeigefingern ab und zu an die obere Schicht fassen, damit das Papier nachgezogen wird.
Beim Abheben der oberen Schicht muß darauf geachtet werden, daß das Papier möglichst waagerecht gehalten wird, da der Biskuitboden ansonsten leicht durchbrechen kann (Foto rechts).
Soll der Biskuitboden mit einem Messer geteilt werden, am besten ein Messer nehmen, das länger ist als der Boden. Die jeweilige Füllung auf den zuunterst liegenden Boden streichen. Mit Hilfe des Papiers die beiden Schichten nach dem Füllen (mit Messer, Teigkarte oder Pfannenmesser) wieder aufeinanderlegen. Hierbei ist es wichtig, daß die Schichten „Kante auf Kante" gesetzt werden.

Verzieren von Torten

Bestäuben

Mit Kakaopulver, Puderzucker, Kokosraspeln, fein geriebenen Nüssen, Mandeln oder Pistazien lassen sich abwechslungsreiche Muster auf Kuchen bringen. Man braucht dazu Kuchenschablonen, die es fertig zu kaufen gibt – oder man kann sie selbst aus Pergamentpapier anfertigen.
Schneiden Sie sich für einen runden Kuchen einen Kreis in der passenden Größe zurecht. Dann wird der Kreis mehrfach über die Mitte hin gefaltet. Nun beliebige Muster an den Seiten einschneiden. Dann den Kreis wieder auseindanderfalten und glattbügeln. Jetzt kann er auf den vorbereiteten Kuchen gelegt werden. Sie können auch freie Motive ausschneiden, zum Beispiel Herzen, Hufeisen oder Glückskleeblätter. Kleine Motive schneidet man am besten aus festerem Papier zurecht, dann bekommt man saubere Muster. Alle Motive vorher aufzeichnen, dann ausschneiden und kleine Halterungen anbringen, damit die Motive sich sauber abheben lassen, ohne die gepuderten Muster zu zerstören.
Ein feines Sieb ermöglicht, daß das Kakaopulver gleichmäßig verteilt werden kann (Foto links).

Je feuchter der Untergrund, desto schneller wird das aufgestäubte Muster feucht und unansehnlich. Puderzucker sollte man immer erst unmittelbar vor dem Servieren überstäuben (Foto rechts). Denn Zucker zieht besonders schnell die Feuchtigkeit aus der Umgebung an.

Tortenrand

Den Rand der Torte mit Schokoladenstreuseln, abgezogenen, gehobelten Mandeln, gemahlenen Haselnußkernen oder gebräunten Haferflocken bestreuen. Dazu z.B. die Streusel ganz dicht an die Torte geben und sie am Rand mit einer Teigkarte oder einem Messer hoch schieben (Foto links).

Spritzmuster

Bevor die Torte verziert wird, die Oberfläche mit einem Tortenteiler einteilen (Foto oben rechts). Hübsche Spritzmuster (Foto unten links) lassen sich aus Sahne, Creme oder Baisermasse aufbringen. Man braucht dazu unbedingt einen Spritzbeutel mit großem Sack und verschiedenen Tüllen. Die Spritzmasse sollte standfest sein. Sahne (evtl. mit Sahnesteif) steif schlagen und erst kurz vor dem Servieren aufbringen.

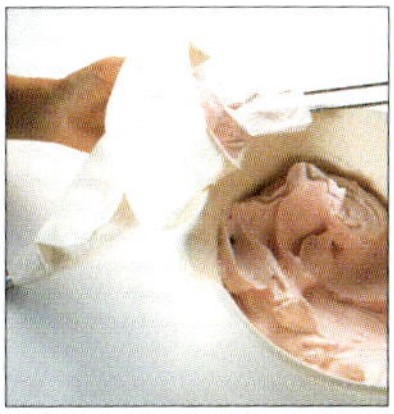

Zum Einfüllen der Spritzmasse den Beutel oben breit nach außen umschlagen (Foto rechts). Dann den Beutel schließen und beim Spritzen in beide Hände nehmen. Beim Verzieren Spritzbeutel senkrecht halten. Mit der rechten Hand Beutel zuhalten, Creme (Sahne) herausdrücken. Die linke Hand führt den Beutel. Ihn nicht mit der ganzen Hand umfassen, sondern mit Daumen und Zeigefinger Tülle bzw. Tüllenansatz führen. Die Creme oder Sahne wird sonst durch Handwärme flüssig. Sahnetupfer (aus Resten) auf Vorrat: Spritzen Sie kleine Tuffs auf ein mit Backpapier belegtes Brett, dann einfrieren. Sind sie fest gefroren, die Tuffs vorsichtig verpacken und bei Bedarf verwenden.

Eine schnelle und raffinierte Verzierung der Tortenoberfläche erhalten Sie, wenn Sie geschlagene Sahne bergartig auf die Torte häufen, etwas glattstreichen und mit Hilfe eines Teelöffels kleine Vertiefungen eindrücken.

Überziehen von Torten mit Guß

Durch vorheriges Aprikotieren haftet die Glasur besser auf dem Gebäck und hält es frisch. Außerdem verhindert die Konfitüre, daß die Glasur in den Teig dringt und ihn durchfeuchtet. Eine glatte, nicht stückige Konfitüre (stückige Konfitüre vorher durch ein Sieb streichen) mit etwas Wasser unter Rühren aufkochen und durch ein Sieb streichen.

Den Guß mitten auf die Torte gießen (Foto links). Den Guß durch ein Bewegen (schräg halten) der Torte auf der Oberfläche und am Rand gleichmäßig verlaufen lassen (Foto rechts).

Es ist wichtig, daß die Torte so schnell wie möglich auf eine Tortenplatte (mit Hilfe eines großen Messers) umgesetzt wird. Dabei muß sie zuerst mit dem Messer von der Platte gelöst werden.

Kuvertüre/Schokolade schmelzen

Kuvertüre/Schokolade grob zerkleinern und in einem kleinen Topf im Wasserbad bei schwacher Hitze geschmeidig rühren (Foto links). Die Kuvertüre/Schokolade ganz langsam im warmen Wasserbad schmelzen, abkühlen lassen und nochmals vorsichtig erwärmen. So erhält die Gebäckoberfläche einen schönen Glanz. Wird Kuvertüre/Schokolade zu heiß gemacht, sieht sie stumpf und glanzlos aus. Kuvertüre/Schokolade kann auch in der Mikrowelle geschmolzen werden, indem sie in einem kleinen Topf bei geringer Wattstufe unter häufigem Umrühren aufgelöst wird.

Schokoladenröllchen

Für Schokoladenröllchen die aufgelöste Kuvertüre/Schokolade mit einem Spachtel nicht zu dünn auf einer kalten Glas- oder Marmorplatte gleichmäßig verstreichen (Foto rechts) und festwerden lassen (nicht in den Kühlschrank stellen). Nun mit einem Spachtel die Kuvertüre vorsichtig von der Platte schaben und dabei aufrollen.

Schokoladenspäne

Für Schokoladenspäne mit einem Sparschäler von der Kuvertüre/Schokolade Späne abhobeln. Messer und Schokolade sollten vorher im Kühlschrank gelegen haben, damit die Schokolade nicht weich wird. Oder die aufgelöste Kuvertüre/Schokolade dünn auf eine Platte streichen und mit einem Spachtel abschaben.

Schokoladenfiguren

Die aufgelöste Kuvertüre gleichmäßig auf ein Blatt Backpapier streichen und festwerden lassen. Danach mit kleinen Ausstechern verschiedene kleine Motive ausstechen und vorsichtig ablösen (Foto links).

Schokoladenornamente

Die aufgelöste Kuvertüre in eine Backpapiertüte füllen, Tüte oben zusammenfalten. Evtl. die Spitze etwas abschneiden, um die Spritz-Öffnung zu vergrößern. Motive direkt auf Kuchen oder Teller spritzen oder auf einem Backpapier festwerden lassen (Foto rechts). Später vorsichtig ablösen. Anstelle der Papiertüte kann auch ein kleiner Gefrierbeutel verwendet werden.

Papiertüte herstellen

Schneiden Sie ein Quadrat (etwa 24 x 24 cm) aus Backpapier oder festem Pergament und falten es diagonal auf Kante (Foto links). Die rechte Papierspitze (45 Grad) soweit nach innen rollen, bis die Spitze genau auf die rechtwinklige Ecke zeigt, dort festhalten. Dann die linke Spitze außenherum einrollen. Die Tüte fixieren, damit nichts herausgedrückt wird: alle übereinanderliegenden Papierecken nun dreimal nach innen umfalten. Den Guß einfüllen, die Tüte einrollen und eine kleine Spitze abschneiden.
Für zarte Muster oder Schriftzüge darf die Öffnung der Tütenspitze nur ganz klein sein (Foto rechts).

Kapitel-Register

Freche Früchtchen

Heißgeliebte Klassiker

Hits für Kids

Torten mit Schwips

Kuchen-Versuchungen

Sahnige Highlights

Alphabetisches Register

A

B

C/D

E

F

G

H

K/L

M

N/O

P

R

S

T/V

W/Z

HEYNE-KOCHBUCH
07/4745

3. Auflage

Hinweise: Bitte beachten Sie bei Gasherden die Gebrauchsanweisung des Herstellers.

Bei den in diesem Buch verwendeten Torten-Namen handelt es sich z.T. um eingetragene Marken.

Wir danken für die freundliche Unterstützung: CMA, Bonn
G+J Fotoservice, Hamburg
Heinrich Bauer Service KG, Hamburg
Ketchum Public Relations, München

Redaktion: Eva-Maria Dammeier, Carola Reich

Rezeptideen: Monika Köhler, Karben

Titelfotos: Brigitte Wegner, Bielefeld
(Foodstyling: Eike Upmeier-Lorenz, Herford)
(Requisite: Karin Knull, Bielefeld)

Innenfotos: Brigitte Wegner, Bielefeld
Heino Banderob, Hamburg
Kramp & Gölling, Hamburg
Norbert Toelle, Bielefeld

Konzept: Björn Carstensen, Hamburg

Umschlaggestaltung: Hauptmann und Kampa, Werbeagentur, CH-Zug, unter Verwendung des Originalumschlags von Kontur Design GmbH, Bielefeld

Satz: Gramma GmbH, München

Druck und Bindung: Graphischer Großbetrieb Pößneck

ISBN 3-453-16548-9